南方电网能源发展研究院

澜湄国家能源电力发展报告

（2022年）

南方电网能源发展研究院有限责任公司 编著

中国电力出版社
CHINA ELECTRIC POWER PRESS

图书在版编目（CIP）数据

澜湄国家能源电力发展报告．2022年/南方电网能源发展研究院有限责任公司编著．—北京：中国电力出版社，2023.4

ISBN 978-7-5198-7664-7

Ⅰ.①澜…　Ⅱ.①南…　Ⅲ.①电力工业—工业发展—研究报告—中国、东南亚—2022　Ⅳ.①F430.66

中国国家版本馆CIP数据核字（2023）第049978号

出版发行：中国电力出版社
地　　址：北京市东城区北京站西街19号（邮政编码100005）
网　　址：http：//www.cepp.sgcc.com.cn
责任编辑：岳　璐（010-63412339）
责任校对：黄　蓓　郝军燕
装帧设计：张俊霞
责任印制：石　雷

印　　刷：北京华联印刷有限公司
版　　次：2023年4月第一版
印　　次：2023年4月北京第一次印刷
开　　本：787毫米×1092毫米　16开本
印　　张：7
字　　数：97千字
印　　数：001—800册
定　　价：48.00元

南网能源院年度报告系列

编 委 会

《澜湄国家能源电力发展报告（2022 年）》

编 写 组

组　　长 黄　豫

副 组 长 覃　芸　许宇晓

主 笔 人 刘　平　覃　芸

编写人员 宫大千　郭子暄　辜炜德　秦菁华　范钦原

前言
PREFACE

在积极稳妥推进碳达峰、碳中和的背景下，我国能源电力行业在加快规划建设新型能源体系、逐步构建新能源占比逐渐提高的新型电力系统的方向上奋力前行。南方电网能源发展研究院以习近平新时代社会主义思想为指导，在南方电网公司党组的正确领导下，立足具有行业影响力的世界一流能源智库，服务国家能源战略、服务能源电力行业、服务经济社会发展的行业智囊定位，围绕能源清洁低碳转型、新型电力系统建设以及企业创新发展等焦点议题，深入开展战略性、基础性、应用性研究，形成一批高质量研究成果，以年度系列专题研究报告形式集结成册，希望为党和政府科学决策、行业变革发展、相关研究人员提供智慧和力量。

澜沧江和湄公河一水二名，澜沧江起源于中国境内青海唐古拉山，流经西藏、云南，出境后被称为湄公河，先后流经老挝、缅甸、泰国、柬埔寨、越南五国，所流经国家共同组成了澜湄国家[1]，除中国以外的澜湄国家称之为澜湄五国。澜湄国家山水相连，人文相通，传统睦邻友好深厚，发展利益紧密攸关，是“一带一路”倡议重要节点，也是中国实现双向开放的重要窗口。

在澜湄合作机制和大湄公河次区域经济合作机制下，澜湄国家经济发展增速总体保持在中等偏高水平，在东盟发展中发挥了举足轻重的作用，经济

[1] 澜湄国家（按澜沧江和湄公河径流方向）包括中国、老挝、缅甸、泰国、柬埔寨、越南。

体量占比逐年提升，能源及电力保持稳步增长，为其经济社会发展注入源源不断的动力。

澜湄国家清洁能源资源丰富，能源电力需求保持刚性增长，能源贸易合作广泛，能源电力基础设施建设稳步推进，为各国能源电力发展和区域能源电力互济奠定基础。截至 2022 年 6 月，澜湄国家之间已有 110 千伏及以上联网线路 49 回。

当前，澜湄国家面临百年未有之大变局、新冠肺炎疫情、全球气候变化等诸多挑战，但区域经济一体化、能源绿色低碳发展不可逆转，区域全面经济伙伴关系（RCEP）等区域合作将为澜湄国家能源绿色合作注入新动能，区域广泛合作为能源电力合作带来新机遇。

作为年度系列专题研究报告之一，《澜湄国家能源电力发展报告（2022 年）》是南方电网能源发展研究院有限责任公司年度系列专题报告之一，是南方电网澜湄国家能源电力合作研究中心成立以来首次发布的报告。本报告系统分析了过往十年澜湄五国经济、能源、电力发展及合作现状，立足澜湄区域发展新形势和新机遇，展望了澜湄五国能源电力发展前景，为区域能源电力合作提出建议。编著本报告，旨在为能源电力行业业内人士、关心澜湄国家电力发展的专家、学者和社会人士提供参考。

本书的编写工作由黄豫、许宇晓具体指导，覃芸、刘平负责统稿、校稿。第 1 章由覃芸、刘平编写，第 2 章由刘平、宫大千编写，第 3 章由刘平、郭子暄、范钦原编写，第 4 章由覃芸、秦菁华编写，第 5 章由覃芸、刘平、辜炜德编写。其余编写人员对本报告均有贡献。

本报告在编写过程中，得到了南方电网公司国际业务部、战略规划部，南方电网云南国际有限责任公司等单位的悉心指导，在此表示最诚挚的谢意！

限于作者水平，报告难免存在疏漏与不足，恳请读者批评指正。

编　者

2022 年 9 月

缩 略 词 表

英文缩写	中文全称
ADB	亚洲开发银行
BAU	常规政策场景
BOO	建设—拥有—运营
BOOT	建设—拥有—经营－转让
BOT	建设—经营—转让
BP	英国石油
BT	建设—移交
BTO	建设—移交—运营
EDC	柬埔寨电力公司
EDL	老挝国家电力公司
EDL - T	老挝国家输电网公司
EGAT	泰国国家电力局
EPC	工程总承包
ERC	泰国能源监管委员会
EVN	越南电力集团
GDP	国内生产总值
GMS	大湄公河次区域
IEA	国际能源署
IPP	独立发电商
LMERC	南方电网澜湄国家能源电力合作研究中心

续表

英文缩写	中文全称
LNG	液化天然气
LTMS - PIP	老挝—泰国—马来西亚—新加坡电力一体化项目
MEA	泰国首都电力局
MOEE	缅甸电力与能源部
MOEP	缅甸电力部
MOIT	越南工业与贸易部
O&M	运营维护
PEA	泰国地方电力局
RCEP	区域全面经济伙伴关系协定
RPTCC	大湄公河次区域电力贸易协调委员会
SPP	小型发电商
VWEM	越南电力批发市场
WWF	世界自然基金会

目 录
CONTENTS

第 1 章

经济发展

1.1 总体发展

澜湄五国包括老挝、缅甸、泰国、柬埔寨和越南，总人口 2.47 亿人，约占亚洲总人口 5.4%，占东盟国家总人口的 36.6%。和其他东盟国家一样，澜湄五国均属于外向型经济国家，凭借丰富的自然资源和劳动力成本优势，依托本土产业和承接转移产业，利用出口保持良好的经济增长基础和势头。澜湄五国经济发展不平衡，产业结构差异较大，泰国和越南人均国民生产总值（GDP）大幅领先老挝、柬埔寨和缅甸，部分国家经济发展内生动力不足、外部脆弱显现。2020 年至今，全球新冠肺炎疫情暴发蔓延，澜湄五国成为重灾区之一。2021 年以来，缅甸政局再次进入动荡期，国家发展陷入混乱。2022 年开年不久，俄乌冲突加剧全球紧张局势，直接影响到澜湄五国的粮食安全、能源安全、金融安全，加剧地缘政治风险；部分国家通胀高企严重阻碍经济发展。

随着新冠肺炎疫情防控措施调整、疫苗接种的持续推进及各国经济复苏政策的有效实施，2021 年除缅甸外，各国经济都在逐渐复苏，五国 GDP 合计达 1.1 万亿美元，占东盟国家 GDP 总量的 31%。

澜湄国家经贸合作发展迅速，不断取得新成绩。澜湄合作机制自 2016 年建立以来，澜湄可持续发展合作成果丰硕。2021 年在新冠肺炎疫情的不利条件下，中国同澜湄五国贸易额达 3980 亿美元，同比增长约 23%，占中国与东盟贸易额的近三分之二；2022 年前 7 个月，中国同澜湄五国贸易又取得 5.1%的增长。《区域全面经济伙伴关系协定》（RCEP）已于 2022 年 1 月 1 日正式生效，随着 RCEP 落地生效，澜湄国家市场更加开放，电力合作的经贸环境也更为便利，拓展了投资和贸易空间。在 RCEP 规则下，澜湄国家经贸合作将跨上一个新的台阶，实现可持续发展，为全球经济复苏作出积极贡献。

1.2 主要经济指标

1.2.1 人口发展

澜湄五国人口总量2010—2021年保持增长趋势，同比增速已连续八年下降。截至2021年底，澜湄五国人口达2.47亿人，较2010年2.26亿人增长9.2%，2010—2021年年均增长率0.84%。自2013年以来，人口总量同比增速呈下降趋势，年均下降0.02～0.03个百分点。老挝、柬埔寨、越南国内社会环境较为稳定，人口年均增长率高于五国平均水平，分别为1.64%、1.67%和1.05%；缅甸受国内政局动荡影响，人口年均增长率为0.76%；泰国受政治分化、债务和教育经费攀升等因素影响，生育率持续走低，人口年均增长率维持在0.37%。

2010—2021年澜湄五国人口总量如图1-1所示。

图1-1 2010—2021年澜湄五国人口总量

数据来源：世界银行

2010—2021年澜湄五国人口增长率如图1-2所示。

各国人口占比基本稳定，越南、泰国、缅甸人口基数较大。2010年以来，人口分布基本维持不变，其中，越南人口最多，人口占比接近

40％；其次为泰国和缅甸，占比分别约为28％、22％；柬埔寨和老挝人口占比逐年缓慢增加，2010—2021年增加不足1个百分点，2021年两国人口合计不足10％。2010—2021年澜湄五国人口占比如图1-3所示。

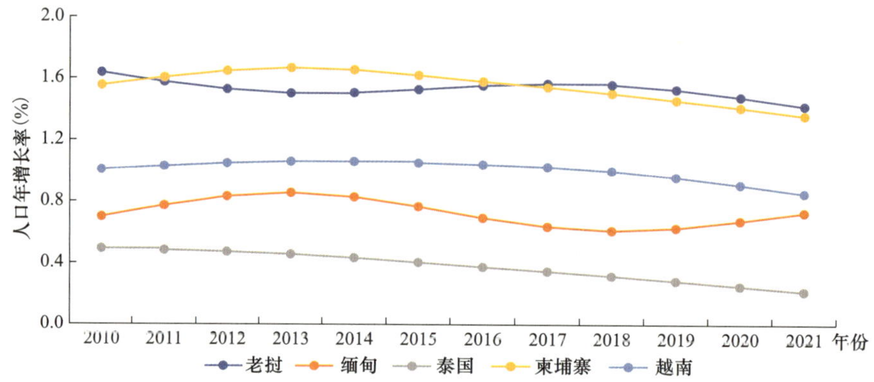

图1-2 2010—2021年澜湄五国人口增长率

数据来源：世界银行

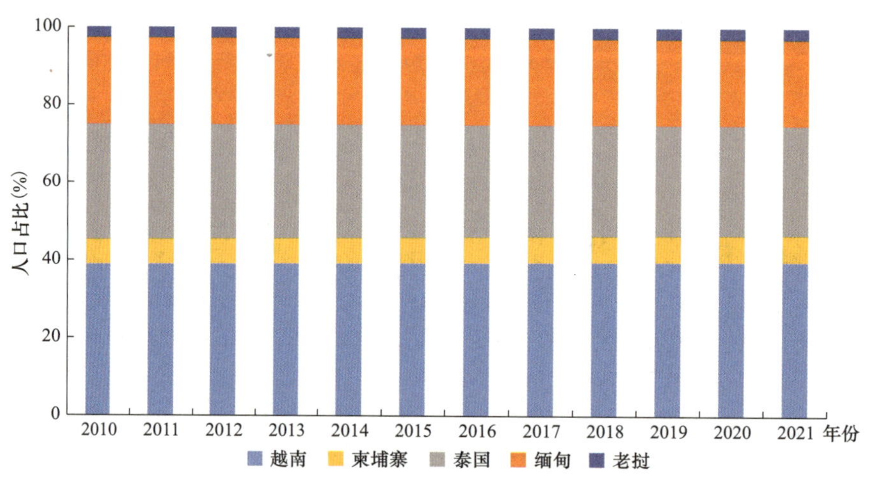

图1-3 2010—2021年澜湄五国人口占比

数据来源：世界银行

澜湄五国城镇化率逐年提升，目前城镇化率仍偏低。2010年至2021年，澜湄五国城镇化率稳步上升，2021年达39.6％，与世界平均水平56.2％存在较大差距。泰国、越南和老挝城镇化进程较快，2021年较2010

年分别增加8.2、7.6、6.8个百分点；柬埔寨和缅甸城镇化进程较慢，2021年较2010年分别增加4.3、2.3个百分点。澜湄五国城镇化水平差异大，2021年，泰国城镇化率为52.1%，柬埔寨仅为24.6%。2010—2021年澜湄五国城镇化率如图1-4所示。

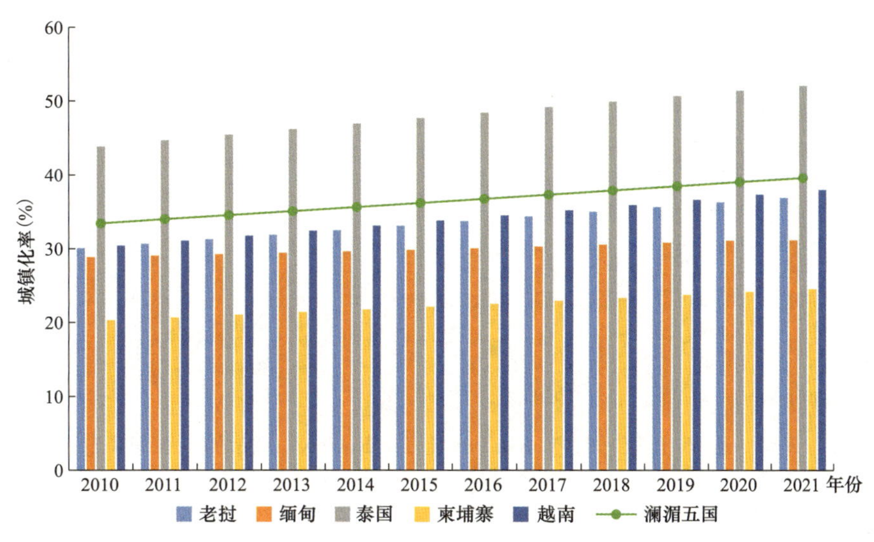

图1-4　2010—2021年澜湄五国城镇化率

数据来源：世界银行

各国人口分别集聚在各自重点城市。澜湄五国首都和重点城市人口密度较高，各国10%以上的人口均集聚在不到2%的城市土地面积上。老挝人口密度较高的地区包括万象、沙湾拉吉、巴色等城市，1.71%的国土面积上集聚了全国11.5%的人口；缅甸人口密度较高的地区包括内比都、仰光、曼德勒等城市，1.12%的国土面积上集聚了全国13.8%的人口；泰国人口密度较高的地区包括曼谷和清迈等城市，0.87%的国土面积上集聚了全国17%的人口；柬埔寨人口密度较高的地区主要是金边，0.4%的国土面积上集聚了全国12.6%的人口；越南人口密度较高的地区包括河内和胡志明市等城市，1.6%的国土面积上集聚了全国14%的人口。澜湄国家主要城市面积和人口如表1-1所示。

表 1-1　　澜湄国家主要城市面积和人口

国家	主要城市	地理位置	城市面积（平方千米）	面积占比（%）	城市人口（万人）	人口占比（%）	人口密度（人/平方千米）
老挝	万象市	南部	3920	1.7	69	9.4	176
	沙湾拿吉	南部	6	0.003	10	0.7	8333
	巴色市	南部	10	0.004	8	0.5	4000
缅甸	内比都	中部	7054	1.0	64	1.2	91
	仰光市	中部	599	0.1	542	9.9	9048
	曼德勒市	南部	163	0.02	147	2.7	12 895
泰国	曼谷	南部	1569	0.3	1072	15.3	6832
	清迈	北部	2905	0.57	118	1.7	406
柬埔寨	金边	中部	679	0.4	214	12.6	3152
越南	河内	中部	3345	1.0	487	5.0	1456
	胡志明市	南部	2090	0.6	884	9.0	4230

数据来源：人口数据来自联合国、World Population Review；城市面积数据来自百度百科。

1.2.2　国内生产总值

2010—2019年澜湄五国经济总量保持快速增长，2020年以来受新冠肺炎疫情和全球经济放缓影响，叠加缅甸政局动荡，区域经济出现负增长；2021年经济总量与2020年持平，除缅甸以外，其余四国经济逐渐恢复，呈低速增长。

2019年澜湄五国GDP为8999亿美元[❶]，较2010年增长60%，年均增长率4.7%。其中老挝、缅甸、柬埔寨和越南经济发展较为迅猛，年均增速均高于五国平均水平，分别为7.2%、7%、7.1%和6.5%。泰国传统产业发展趋于饱和，GDP年均增速仅为3.2%。

2020年澜湄五国经济发展均受到新冠肺炎疫情不同程度影响，GDP较2019年下降1.9%，总量降至8826亿美元，其中老挝、缅甸和越南GDP小幅增长，分别增长0.5%、3.2%和2.9%；泰国因旅游业受疫情影响较大，

---

❶ GDP为2015年可比价，本章下同。

GDP 下降 6.1%；柬埔寨下降 3.1%。

2021 年澜湄五国 GDP 与 2020 年水平相当。老挝、泰国、柬埔寨、越南经济发展逐步恢复，增长率为 1.5%～3%；缅甸政局动荡，经济下滑 18%。2010—2021 年澜湄五国 GDP 如图 1-5 所示。

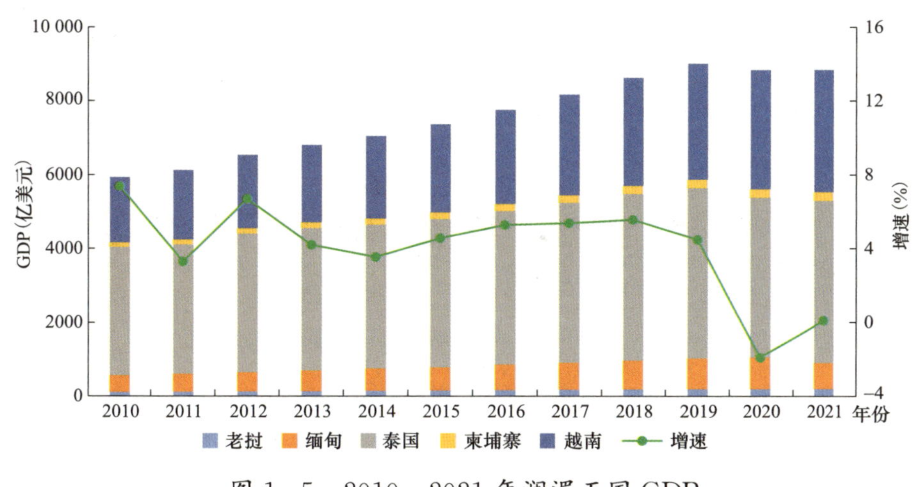

图 1-5 2010—2021 年澜湄五国 GDP

数据来源：世界银行

澜湄各国经济总量规模差异较大。泰国和越南是澜湄五国经济发展的引领国，GDP 远超缅甸、老挝、柬埔寨三国，2010 年以来，泰国和越南的 GDP 一直占澜湄五国的 85%及以上。泰国 GDP 占比呈逐年下降趋势，2021 年较 2010 年下降 8.8 个百分点，至 2021 年 GDP 占比约 49.7%，其余四国 GDP 占比均有不同程度上升。其中，越南 GDP 占比明显增加，2021 年较 2010 年提升 7.6 个百分点，至 2021 年占比约 37.5%，发展基础和势头在澜湄五国中最好。2010—2021 年澜湄五国分国别 GDP 比重如图 1-6 所示。

澜湄五国人均 GDP 逐年增加，目前整体水平仍偏低、国别之间差距较大。2021 年澜湄五国人均 GDP 为 3573 美元，仅为全球人均 GDP 的三分之一，较 2010 年增长 36.4%。2019 年以来受经济发展影响，连续两年人均 GDP 低于 2019 年水平。各国经济发展不平衡，泰国人均 GDP 均远超澜湄五国平均水平，具有绝对领先地位。2021 年，泰国人均 GDP 分别是缅甸的 4.9 倍、柬埔寨的 4.5 倍。根据世界银行 2021 年最新划分，除泰国被归为中高收入经济体外，其余四国均为中低收入经济体。2010—2021 年澜湄五国人均 GDP 如图 1-7 所示。

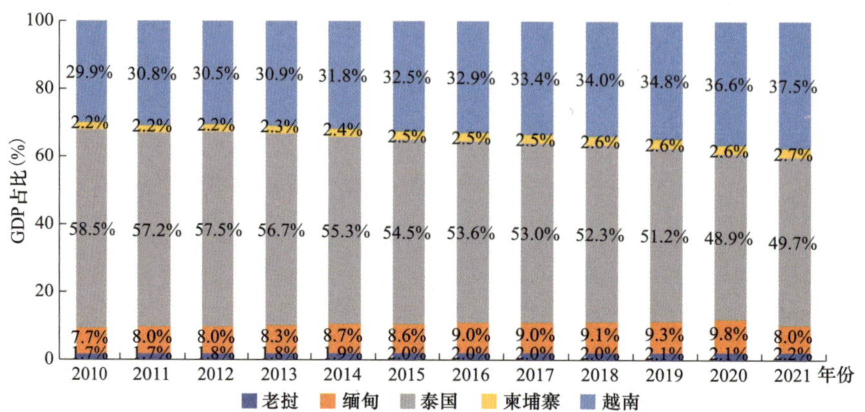

图 1-6　2010—2021 年澜湄五国分国别 GDP 比重

数据来源：世界银行

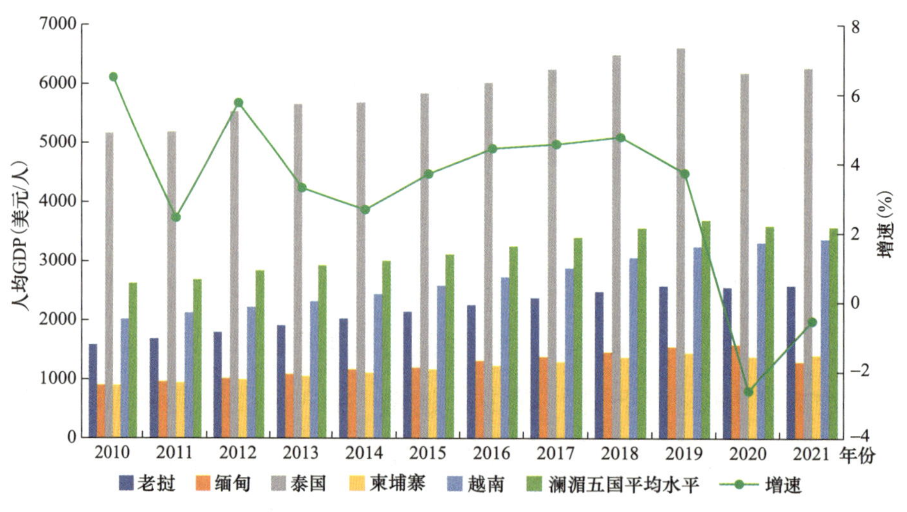

图 1-7　2010—2021 年澜湄五国人均 GDP

数据来源：世界银行

1.2.3　产业及重点行业发展

1. 产业

澜湄五国产业整体向第二产业及第三产业发展，各国发展水平及产业结

构差异较大。2021 年澜湄五国第三产业比重为 50.4%，较 2010 年增加 8.3%，第一产业和第二产业比重较 2010 年分别减少 2.6%、5.7%。澜湄五国第一产业比重均有不同程度下降。老挝和缅甸正由传统农业国家向工业化国家转型，产业调整变化较大，2021 年较 2010 年第一产业比重下降超 16%，第二、三产业得到快速发展；泰国在旅游业增长推动下，第三产业占 GDP 比重上升最快，2021 年第三产业比重为澜湄五国中最高，达 56.7%，第二、三产业占比呈逆向变化，变化幅度均超过 13%；柬埔寨第二产业发展较快，2021 年达到 40.8%，第一、二产业占比呈逆向变化，变化幅度均超过 10%；越南各产业占比变化较小，第一产业占比小幅下降，第二、三产业占比略微上升，变化幅度均小于 2%。2010 年和 2021 年澜湄五国产业结构对比如图 1-8 所示。

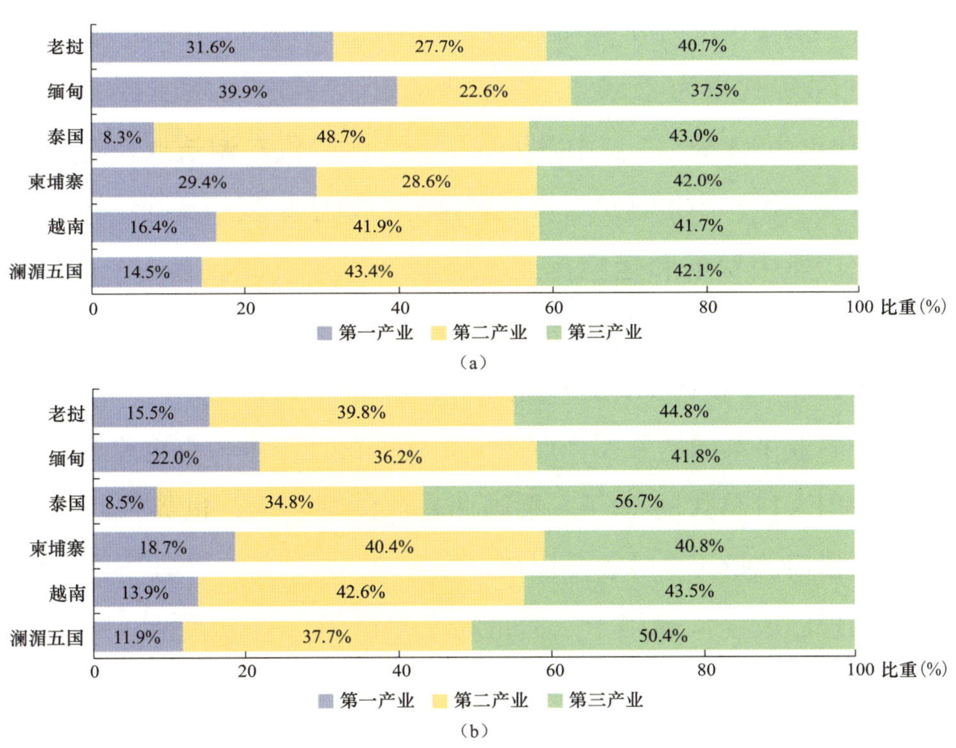

图 1-8　2010 年和 2021 年澜湄五国产业结构对比

(a) 2010 年；(b) 2021 年

数据来源：东盟统计年鉴

2. 重点行业

农业发展在澜湄五国经济发展中地位均不可或缺，澜湄五国第二、三产业的重点行业发展呈现差异化。

（1）老挝。尽管第二、三产业占GDP比重比不断提升，农业依旧是老挝的支柱产业。2021年老挝的农业产值占GDP比重为15.5%，主要农产品有甘薯、蔬菜、玉米、咖啡、甘蔗、烟草、棉花等。电力行业是老挝第二产业的支柱，老挝境内水电资源丰富，每年有大量电力输出至邻国，2021年**电力行业**产值占GDP比重为13%以上。第三产业中占比最大的两个行业分别为**批发零售业和强制性社会保障**，2021年分别占GDP比重为13.2%、10.4%。

（2）缅甸。缅甸的产业结构逐渐从第一、三产业并举向以第三产业为主转变。农业是缅甸国民经济基础，也是该国优先发展的重要产业，2021年农业产值占GDP比重为22.0%。制造业是缅甸第二产业的支柱，2021年产值占GDP比重为24.8%，其中发展潜力最大的是**汽车制造业**，随着泰缅边境合作的日益密切，小型马达、汽车椅套等**劳动密集型产品**陆续转移至缅甸生产。第三产业中**贸易和运输行业**占比较高，2021年贸易占GDP比重为20.6%，运输行业占GDP比重为11.3%。

（3）泰国。泰国产业结构呈现由第二、三产业为主向以第三产业为主转移的趋势。农业是泰国的重要产业之一，在国民经济中占有重要地位，农业人口约占泰国人口总数的70%，泰国还是亚洲第二大、世界第八大食品出口国，**食品出口**总量占全球食品出口总量的3.5%。第二产业中**汽车制造业**发达，泰国现已成为世界第十二大机动车生产国、第五大轻型商用车生产国、东盟最大机动车生产国。泰国工业联合会最新数据显示，2021年泰国汽车总产量为172万辆，其中出口96万辆，较2020年增长30.35%。第三产业中**旅游业**最为发达，是泰国经济发展的支柱产业之一。2019年赴泰国旅游的国际游客人数3900万人次，创历史新高，当年旅游业产值占GDP比重为11.3%。

(4) 柬埔寨。农业是柬埔寨第一产业的支柱，2021 年产值占 GDP 的比重为 17.3%。第二产业中**建筑业**占比最高，2021 年建筑业产值占 GDP 比重为 14.2%。**旅游业**是柬埔寨经济的主要支柱之一，2019 年柬埔寨接待国际游客 661 万人次，同比增长 6.6%，占当年 GDP 比重约为 15%。

(5) 越南。越南的传统产业是农业和**旅游业**，从 2010 年开始，越南为实现经济的飞跃式增长，大力推动制造业的发展。农业仍是第一产业的主要行业，2021 年农业产值占 GDP 比重为 12.4%。第二产业以**制造业和能源行业**为主要支柱，其中 2021 年制造业占 GDP 比重为 5.9%。

1.2.4 外国直接投资

1. 投资环境

主权信用方面，澜湄五国整体风险处于中等偏高水平。

老挝评级较低，前景展望为负面，主要由于其未来几年有大量外债到期，但融资渠道有限，财政及外部缓冲空间小，资金流动性不足。

缅甸虽未有评级，但军方接管国家政权后，局势持续紧张，政局动荡引发的罢工、银行挤兑和外资流入放缓阻碍经济复苏进程，此外西方制裁和国际援助暂停进一步增大其偿债压力，主权信用风险水平较高。

泰国受疫情影响，经济萎缩严重，但其财政情况及外部资产状况良好，债务负担较为温和，主权信用风险水平中等，前景展望稳定。

柬埔寨政府为应对疫情冲击出台的大规模财政政策虽取得一定成果，但也加剧了财政收支失衡和债务风险，并因经济制裁和人权问题与欧盟关系恶化，主权信用风险水平中等偏高，前景展望稳定。

越南得益于政府持续推进的财政改革措施，财政实力有所增强，此外强劲的外资吸引力、良好的外部资产状况和较为乐观的经济增长前景，使得该国偿债风险较低，主权信用风险水平中等，前景展望正面。

澜湄五国最新信用评级情况如表 1-2 所示。

表1-2　　澜湄五国最新信用评级情况

国家	评级机构	时间	评　级　情　况
老挝	穆迪	2022/6/14	信用评级为Caa3，展望为稳定
	惠誉	2022/8/4	信用评级为CCC－
缅甸	—	—	—
泰国	标准普尔	2020/11/18	信用评级为BBB＋/A-2，展望为稳定
	穆迪	2020/4/21	信用评级为Baa1，展望为稳定
	惠誉	2021/12/20	信用评级为BBB＋，展望为稳定
柬埔寨	穆迪	2021/8/20	信用评级为B2，展望为稳定
越南	标准普尔	2021/5/21	信用评级为BB/B，展望为正面
	穆迪	2021/3/18	信用评级为Ba3，展望为正面
	惠誉	2021/4/1	信用评级为BB，展望为正面

2. 投资规定

（1）老挝。老挝电力投资相关的文件主要包括《可再生能源发展战略》《投资促进法》和《电力法》。从电力投资相关法规及近年境外企业投资领域来看，老挝对境外电力投资持鼓励态度，整体限制较少，发电、输电环节均放开投资，在项目融资中鼓励私营企业进入，以助力老挝水电、非水可再生能源开发和电网基础设施建设。老挝电力投资相关法规文件如表1-3所示。

表1-3　　老挝电力投资相关法规文件

投资法规	涉及领域	具体措施/规定	政策/优惠
2011年《可再生能源发展战略》	可再生能源投资	建立可再生能源基金并提供财政激励措施；发布生物燃料法令、完善电力市场准入框架、编制风力特许权框架等	根据能源类型和时间段提供补贴；对生产机械、设备和原材料免征进口关税；根据投资领域和规模，在一定时期内可以免征所得税
2016年《投资促进法》	电力投资划为特许经营范围，鼓励外资	可采用老挝国家独资、与国内外企业合资、国内集体或私人投资等三种形式；可采用BOT、BOOT等经营方式	对承建水电站项目的企业给予免除项目建设用地租费，减免营业税、企业所得税、关税等优惠待遇
2017年《电力法》	发电、输电线路特许权业务	BOT模式的发电项目特许期不超过20年；BOO模式的小水电项目不超过40年；地热、太阳能和风电项目不超过25年	经老挝政府批准，特许权期限可以延长，项目公司应在特许权期限结束前5年提出延长申请

（2）缅甸。缅甸电力投资相关的文件主要包括《电力法》《外商投资法》和《投资规则》。从电力投资相关法规及近年境外企业投资领域来看，缅甸电力行业受政府高度监管，外企在缅甸投资开发需要经过缅甸投资委员会和缅甸电力部（MOEP）批准。外资可参与大部分电力工程投资，可通过BOT方式投资缅甸电源。缅甸电力投资相关法规文件如表1-4所示。

表1-4　　缅甸电力投资相关法规文件

投资法规	涉及领域	具体措施/规定	政策/优惠
2014年《电力法》	允许外国人在缅甸投资任何规模的电力项目	MOEP有权向外国投资者颁发大型项目（大于3万kW）的电力业务许可证	地区或邦政府可以批准和管理未连接到国家电网的中小型项目
2016年《外商投资法》《缅甸投资法实施条例》	所有电力工程	通过能源电力部审批。可通过BOT方式投资电源，以水电居多；可参与所有电力工程、电力联网工程，缅甸政府保留电力系统的管理和电气工程检查业务	根据投资所在地发达程度，可享受3年、5年和7年不等的所得税减免年限
2020年《可再生能源法》	新能源发电	2021年和2025年可再生能源发电量分别占全国总发电量的8%和12%	—

（3）泰国。泰国电力投资相关的文件主要包括《外国商业法》和《能源工业法》。从电力投资相关法规及近年境外企业投资领域来看，泰国鼓励外资进入可再生能源领域，投资者在泰国投资享有多项政策支持；发电侧完全对外资开放，输电侧由泰国国家电力局（EGAT）垄断，泰国首都电力局（MEA）和泰国地方电力局（PEA）负责配电业务，但私人运营商可以从泰国能源监管委员会（ERC）获得配电许可证。泰国电力投资相关法规文件如表1-5所示。

（4）柬埔寨。柬埔寨电力投资相关的文件主要是《电力法》《投资法》草案。从电力投资相关法规及近年境外企业投资领域来看，柬埔寨电力资产管理和运行对外资开放的程度较高，电源、输电网、配电网以及国外互联项目均有条件对外资开放。柬埔寨电力投资相关法规文件如表1-6所示。

表 1-5　泰国电力投资相关法规文件

投资法规	涉及领域	具体措施/规定	政策/优惠
1999 年《外国商业法》	外商投资	为获得项目的土地所有权，首先须获得所有相关政府批准，如发电许可证、工厂许可证、签署的购电协议等；再向投资促进委员会申请投资促进证书	对鼓励类项目提供免征近期进口税、原材料和零部件 5 年免税、免征 3～8 年的公司税
2007 年《能源工业法》	能源投资	ERC 负责监管泰国的发电、输电和配电，包括牌照的种类、费用和期限；获得发电、配电和输电许可证等要求等	原则上允许其他申请人获得输电许可证，但目前 EGAT 是唯一获得该许可证的实体
2017 年《投资促进项目申请指南》	电力生产、可再生能源领域	第一类行业项目需满足泰籍人持股不少于注册资金的 51%、第二类和第三类没有持股要求。	投资使用可再生能源发电可享受减免 8 年企业所得税以及免机器进口税、出口产品原材料进口税等优惠政策；投资使用热电联和清洁煤技术发电，可享受减免 3 年企业所得税以及其他优惠政策

表 1-6　柬埔寨电力投资相关法规文件

投资法规	涉及领域	具体措施/规定	政策/优惠
2014 年《电力法》	电力许可	电力供应商都必须获得柬埔寨电力局颁发的许可证	类型包括发电、输电、调度、配电、售电、外包和综合性电力企业 7 种。电源、输电网、配电网以及跨国互联项目均有条件对外资开放
2021 年《投资法》草案	所有领域	有效吸引本地和外国投资者	—

（5）越南。越南电力投资相关的文件主要包括《投资法》和《公私合营法》。从电力投资相关法规及近年境外企业投资领域来看，越南鼓励投资清洁能源项目，对发电公司资产或持有比例没有限制。外国发电公司基本通过 BOT 模式在越南投资，但越南电力集团（EVN）在电力传输和配电领域扮演着垄断角色。根据最新《电力法》，越南正逐步降低电网领域投资限制。越南电力投资相关法规文件如表 1-7 所示。

表 1-7　　越南电力投资相关法规文件

投资法规	涉及领域	具体措施/规定	政策/优惠
2014年《投资法》	电力投资	涉及新能源生产、清洁能源、再生能源、垃圾焚烧，或环境保护等属于特别投资鼓励项目，政府给予一定优惠措施	新能源项目免除所得税10～15年，并且永久免除自然资源税；部分水电项目给予购电补助；生物质能项目给予税收和信贷优惠
2021年《公私合营法》（PPP法）	发电与电网	电网和发电厂（《电力法》规定的水电站和国家垄断项目除外）属鼓励投资行业，但投资资本须达到15 000亿越南盾，可再生能源项目为5000亿越南盾	允许包括BOT、BTO、BOO、O&M等在内的7种投资模式，BT模式除外

3. 吸引外商直接投资

外商对澜湄五国直接投资存量整体保持增长态势，直接投资流量国别差异较大，受疫情影响资本外流明显。2021年外商对澜湄五国直接投资存量为5621亿美元，较2010年增加150%，其中外商对泰国和越南投资存量较大，占比达80%以上。

2020年受封锁措施、供应链中断、企业盈利下降、投资计划延迟和经济不确定性等影响，导致外商直接投资收缩，2020年外商对澜湄五国直接投资流量为175亿美元，较2019年下降37.3%。其中，泰国受2020年由于乐购（英国）撤资100亿美元影响，外商直接投资流量降至-45亿美元；缅甸受政治局势剧变影响，2020年外商直接投资流量同比下降24%；越南和柬埔寨外商直接投资流量同比下降1%～2%；老挝外商直接投资流量有所增加。

2021年，外商对澜湄五国直接投资流量同比增长93.1%，达337亿美元。其中，泰国外商直接投资流量由负转正，2021年达114亿美元，成为澜湄五国外商直接投资的主要增量；老挝和缅甸外商直接投资流量同比增幅约8%～10%，但整体投资吸引力不足，投资流量较小，2021年分别为11

亿、21亿美元；柬埔寨2021年外商直接投资流量持续减少，达35亿美元，同比下降3.9%；越南受益于全球产业链转移，已成为澜湄五国中最大的外商直接投资接受国，2010—2021年外商直接投资流量保持稳定增长趋势，2021年达157亿美元。2010—2021年澜湄五国外国直接投资变化如图1-9所示。

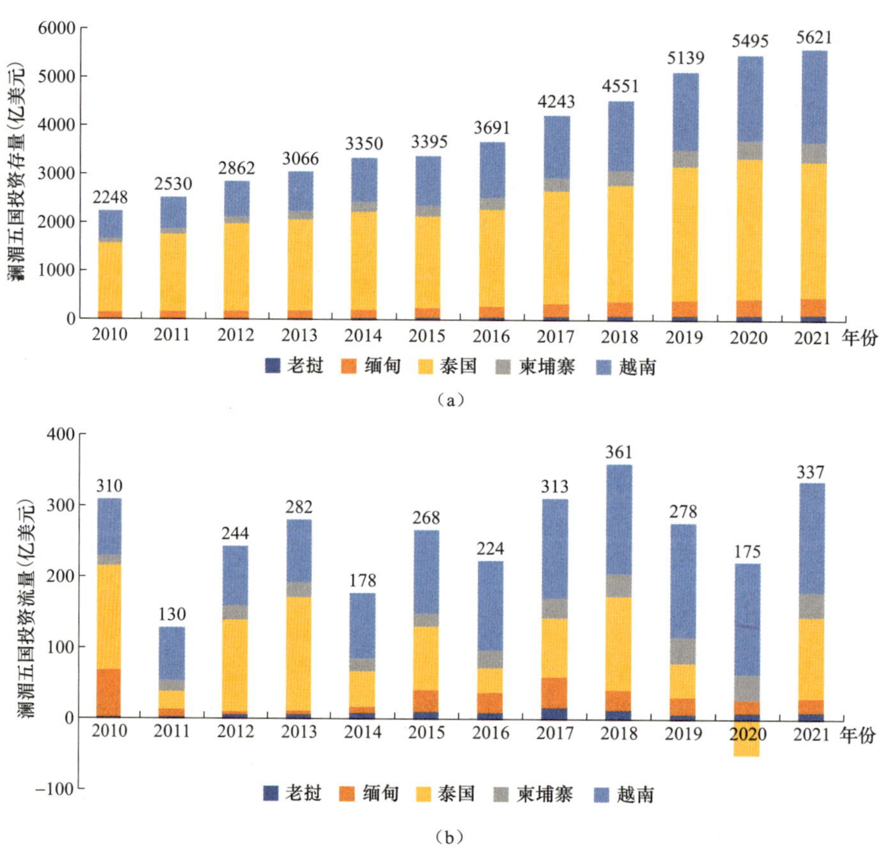

图1-9 2010—2021年澜湄五国外国直接投资变化

（a）外国直接投资存量；（b）外国直接投资流量

数据来源：联合国贸易和发展会议

1.2.5 进出口贸易

澜湄五国商品进出口总额整体呈增长趋势。2020年疫情对进出口贸易产生负面冲击，全球贸易下降明显，澜湄五国贸易总额整体萎缩

4.3%，为11 834亿美元，相比2019年出口总额下降7.3%，进口总额下降4.3%。2021年进出口贸易快速恢复，澜湄五国商品进出口总额达13 720亿美元，同比增长15.7%，已超过疫情前水平，其中出口总额6906亿美元，同比增长13.7%，进口总额6814亿美元，同比增长18.3%。

2021年，缅甸进出口总额持续下降，其余国家均有不同程度的反弹。老挝进、出口总额合计增长1.8%，其中出口总额增长2.4%，进口总额增长1.3%，基本恢复至疫情前水平。缅甸持续受国内政治局势和新冠肺炎疫情双重影响，进、出口总额双下降，其中出口总额下降14.3%、进口总额下降28%。受全球市场对贸易强劲需求的带动，泰国、柬埔寨和越南2021年进、出口总额均超过疫情前水平。其中，泰国进、出口总额合计增长20.7%，其中出口总额增长28%、进口总额增长14.3%；柬埔寨进、出口总额合计增长9.4%，其中出口总额增长8.1%、进口总额增长10.5%；越南延续进、出口总额双增长趋势，其中出口总额增长16.3%、进口总额增长15.7%。2010—2021年澜湄五国商品贸易进出口总额历史变化趋势如图1-10所示。

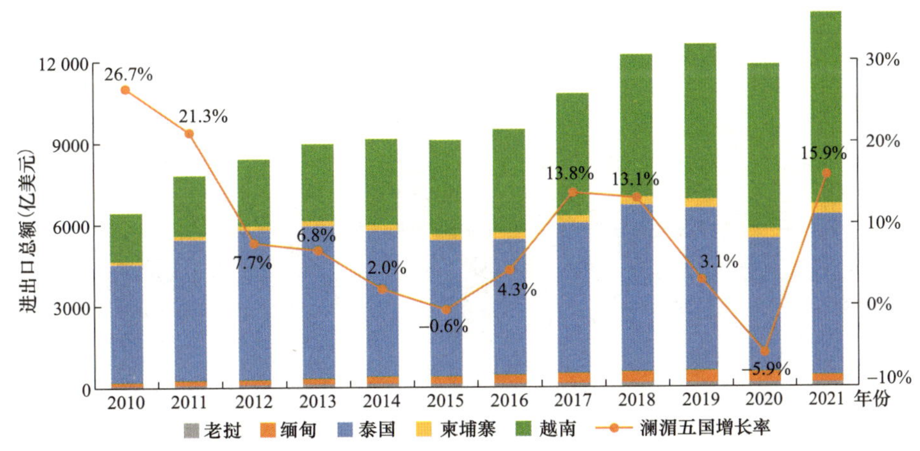

图1-10　2010—2021年澜湄五国商品贸易进出口总额历史变化趋势

数据来源：惠誉

2021年澜湄五国商品贸易进出口总额如图1-11所示。

中国与澜湄五国进出口贸易占澜湄五国所有进出口贸易比重逐年提升。2021年，中国与澜湄五国进出口贸易占澜湄五国所有进出口贸易比重达到

27.8%，较2016年提升7.3个百分点。2016—2021年澜湄五国对华商品贸易进出口额如图1-12所示。

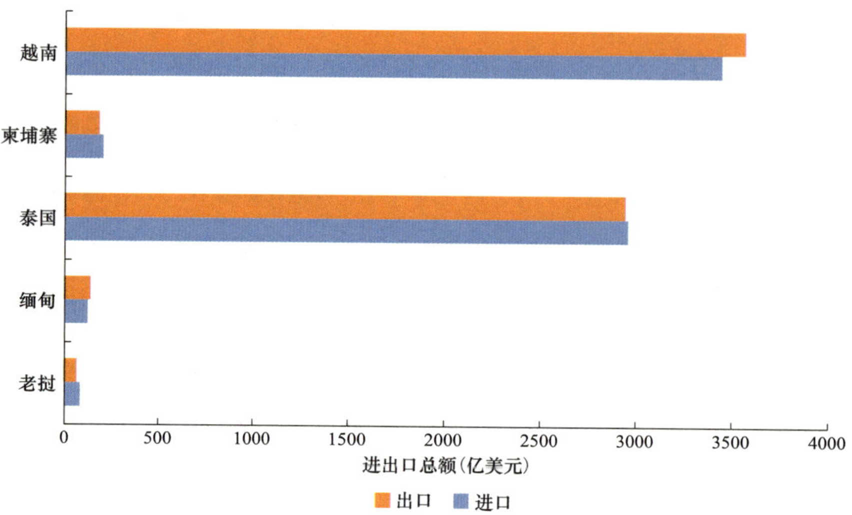

图1-11　2021年澜湄五国商品贸易进出口额

数据来源：惠誉

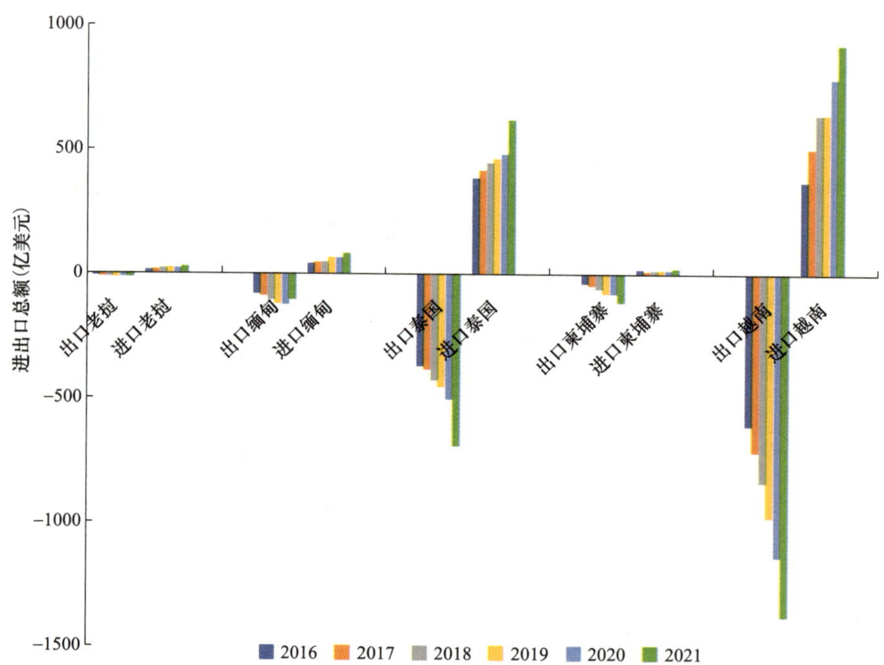

图1-12　2016—2021年澜湄五国对华商品贸易进出口额

数据来源：中国商务部

澜湄各国对华进出口贸易差距显著。泰国、越南与我国贸易额位居前列，越南2020、2021年均为我国第六大贸易国家。从与我国贸易额来看，越南占比最大，2021年占比3.8%；其次是泰国，占比2%；缅甸、柬埔寨、老挝占比较小，均不足0.4%。2016—2021年澜湄五国对华贸易占中国进出口贸易总额比重如图1-13所示。

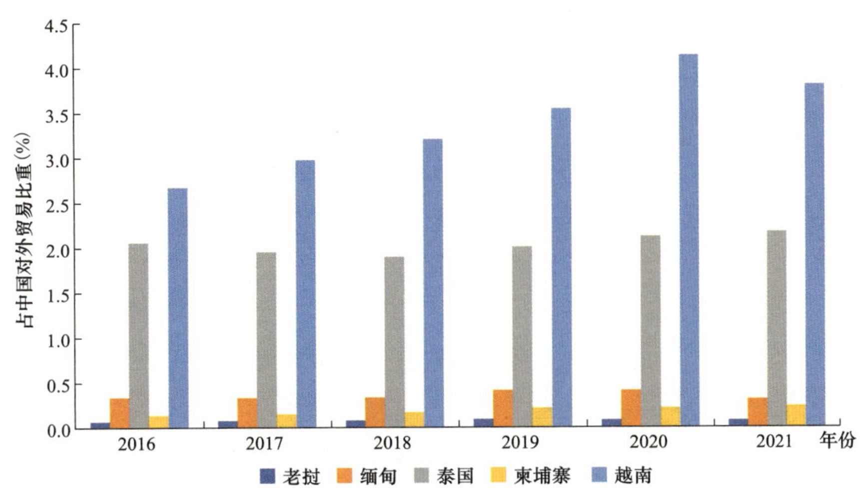

图1-13　2016—2021年澜湄五国对华贸易占中国出口贸易总额比重

数据来源：中国商务部

中国与澜湄各国双边进出口贸易分别在澜湄各国中均占有较大份额，成为澜湄区域经贸活动不可或缺的主体和市场。2021年，中国与澜湄各国双边贸易占澜湄各国贸易的份额均超过24%。中老双边贸易占老挝进出口贸易总额的39.8%，中国是老挝第二大贸易伙伴；中缅双边贸易占缅甸进出口贸易总额的46.3%，中国是缅甸的最大贸易伙伴；中泰双边贸易占泰国进出口贸易总额的24.5%，中国连续9年成为泰国最大贸易伙伴；中柬双边贸易占柬埔寨对外贸易总额的29.5%，中国是柬埔寨最大贸易伙伴；中越双边贸易占越南进出口贸易总额的31.3%，中国是越南最大贸易伙伴，也是越南最大进口市场和第二大出口市场。2016—2021年对华贸易占澜湄五国进出口贸易总额比重变化如图1-14所示。

2021年澜湄国家双边贸易贡献排名如表1-8所示。

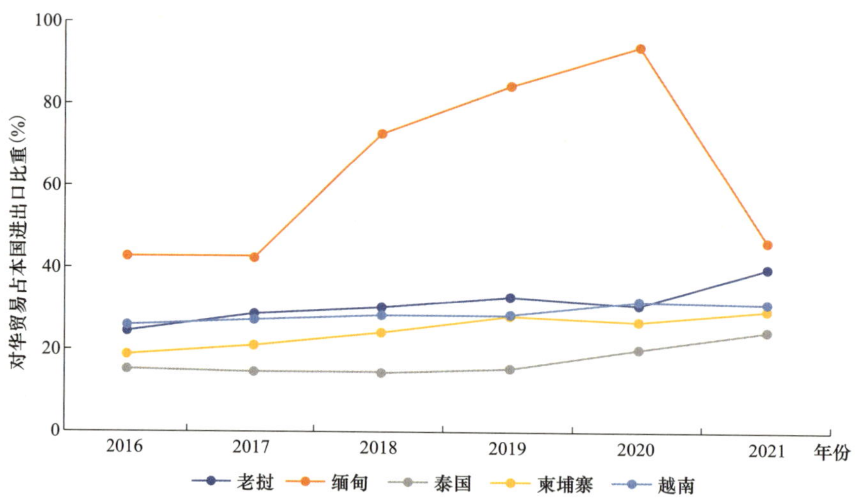

图 1-14 2016—2021 年对华贸易占澜湄五国进出口贸易总额比重变化

数据来源：中国商务部

表 1-8 2021 年澜湄国家双边贸易贡献排名

国别	贸易伙伴					
	中国	老挝	缅甸	泰国	柬埔寨	越南
中国	—	第 88 位	第 50 位	第 13 位	第 59 位	第 6 位
老挝	第 2 位	—	第 28 位	第 1 位	第 14 位	第 3 位
缅甸	第 1 位	第 85 位	—	第 2 位	第 43 位	第 10 位
泰国	第 1 位	第 19 位	第 18 位	—	第 17 位	第 6 位
柬埔寨	第 1 位	第 25 位	第 42 位	第 4 位	—	第 5 位
越南	第 1 位	第 42 位	第 45 位	第 6 位	第 16 位	—

数据来源：联合国商品贸易统计数据库。表格为横向国家是纵向国家的贸易排名。

澜湄国家贸易合作有优良的基础和巨大的潜力。澜湄区域是汇聚知识密集型、技术密集型、资金密集型、劳动密集型产业于一体的区域，具备天然的资源和市场互补性，经贸合作得天独厚，RCEP 等多边和双边经贸协议的合作升级，以及中老、中缅、老泰、老越等铁路的通车，澜湄国家经贸活动将处于长期持续活跃状态。

1.2.6 消费者物价指数

2010—2021 年澜湄五国通货膨胀趋于下降或稳定水平。2021 年，老挝

通货膨胀率为3.75%，同比下降26.4%，通货膨胀水平较2020年有所下降；缅甸通货膨胀率为3.6%，同比下降36.8%，物价水平下调，消费有所好转，高通胀率得到缓解；泰国通货膨胀率为1.23%，随着疫情得到控制，泰国逐渐放开出口和旅游业，通货紧缩有所好转，经济持续复苏中；柬埔寨通货膨胀率为2.92%，与2020年大致持平，得益于政府对物价和货币的调控，继续保持低位运行；越南通货膨胀率为1.83%，继续处于下降趋势。2010—2021年澜湄五国通货膨胀率（按物价指数的通胀率）如图1-15所示。

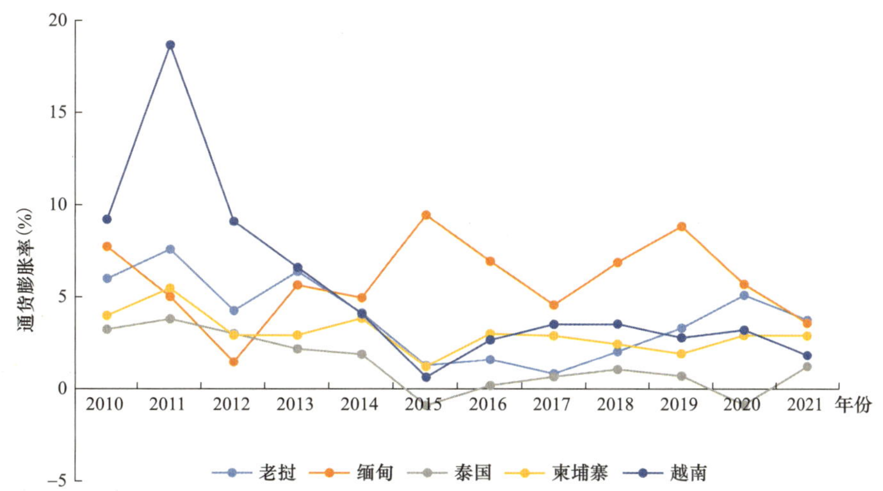

图1-15 2010—2021年澜湄五国通货膨胀率（按物价指数的通胀率）

数据来源：老挝国家银行、缅甸中央统计局、泰国商务部、柬埔寨国家统计局、越南统计局

多重外部因素导致2022年上半年各国通货膨胀[1]强势反弹。在新冠肺炎疫情反复、俄乌冲突扩大化、各国央行货币政策普遍收紧等多重因素影响下，较多国家普遍面临经济滞胀甚至衰退的风险挑战。2022年4月，全球通货膨胀率达到7.8%，其中新兴市场和发展中经济体处于2008年以来的最高水平。澜湄五国也呈现不同程度通货膨胀：老挝面临愈发严重的财政压力，自2022年以来通货膨胀率持续上升，5月达到12.80%，1～5月平均

[1] 澜湄五国通货膨胀数据来源：老挝国家银行、缅甸中央统计局、泰国商务部、柬埔寨国家统计局、越南统计局。

达到8.95％；缅甸面临政局不稳，社会经济发展停滞，国内供应和基础设施严重短缺，缅甸2月通货膨胀率达到14.1％，自2021年底继续上涨；泰国1～5月通货膨胀率呈走高趋势，5月达到7.1％，为2012年3月以来最大涨幅；柬埔寨1～3月通货膨胀率持续走高，3月达到7.2％；越南1～5月通货膨胀水平较往年升高，但总体较为平稳可控，6月达到3.37％。以此趋势来看，全球经济复苏乏力，通货膨胀压力仍将持续，叠加持续的能源和粮食等供应风险，澜湄五国通货膨胀水平仍将处于高位态势，特别是老挝和缅甸通货膨胀问题尤为显著。随着各国相继出台政策，澜湄各国通货膨胀水平有望持稳或下降。

1.2.7 发展水平

澜湄五国经济发展整体处于工业化初期阶段。综合城镇化率、人均GDP、产业发展等指标来看，澜湄五国目前整体处于工业化初期阶段，以劳动密集型产业和资本密集型产业为主，第二产业大多以轻型工业为主，第三产业大多以旅游业为主。澜湄五国中，泰国经济发展水平最高，越南次之，处于工业化中期阶段；老挝、缅甸、柬埔寨三国，农业占比较高，处于工业化初期阶段。澜湄五国经济发展水平相关指标如表1-9所示。

表1-9　　澜湄五国经济发展水平相关指标　　单位：美元/人

国别	城镇化率	人均GDP	产业		
			第一产业占比	第二、三产业比较	重点行业
老挝	36.9％	2582	＜20％	第二产业＜第三产业	农业；电力；批发零售
缅甸	31.2％	1292	＞20％	第二产业＜第三产业	农业；加工制造；运输
泰国	52.1％	6270	＜10％	第二产业＜第三产业	农业；汽车制造业；旅游
柬埔寨	24.6％	1400	＜20％	第二产业、第三产业相当	农业；建筑；旅游
越南	38.0％	3373	＜15％	第二产业、第三产业相当	农业；加工制造；旅游

1.3 发展规划

澜湄五国经济发展规划并无统一的时间周期，老挝、泰国、越南有本

国的五年规划，缅甸、泰国、越南有本国的中长期规划。各国均提出了适合本国发展的重点产业和力争目标，同时也开始了数字化发展的规划和部署。

(1) 老挝。2021 年 1 月，老挝发布《第九个国家社会经济发展五年规划（2021—2025 年）》，提出重点是扩大和深化高标准的国际合作，2021—2025 年实现经济年均增长 4%，人均 GDP 达到 2880 美元。到 2025 年农业增长 2.5%、工业和贸易增长 4.1%、服务业增长 6%，农业和林业预计占 GDP 的 15.3%、工业占 33.3%、服务业占 41.3%。

2022 年 2 月 10 日，新闻文化旅游部在 2021 年工作总结会议及 2022 年规划方向会议上表示，为保证五年计划目标，将重视旅游工作，准备好迎接外国游客及恢复旅游业，2022 年实现接待国内外游客量达 300 万人次、旅游营业额达 4.25 亿美元的目标。

(2) 缅甸。2018 年，缅甸公布《2018—2030 年可持续发展规划》，作为制定各项计划的基本框架，提出重点发展电力、公路、桥梁、电信、基础设施、农业、运输和研究与技术领域，优先发展基础设施，加强金融体系建设，鼓励创意产业发展，将以太阳能为代表的可再生能源列入发展目标。将财政赤字维持在不超过 GDP 的 5%左右，同时坚决减少对中央银行的融资依赖，直到可以忽略不计的水平。

2019 年，缅甸宣布数字经济路线图，成立了缅甸数字经济发展委员会，旨在实现国家的数字化转型，引入和创新数字政府、数字贸易，并在所有部门发展数字经济，促进包容性和可持续的社会经济发展。

(3) 泰国。2018 年 10 月，泰国发布《泰国二十年发展战略规划（2018—2037 年）》，提出力争到 2037 年跻身发达国家行列，成为稳定、富裕、可持续发展的国家；人均 GDP 从 2019 年的 29 万泰铢（约合 8800 美元）增至 2030 年的 36 万泰铢（约合 10 100 美元）。

2021 年 11 月，泰国内阁通过《2023—2027 年经济社会发展第十三个五年规划》草案，提出计划 2023—2027 年将泰国建设成为经济上可持续地创造增值价值的进步社会。泰国为进一步发展东部经济走廊特区，制定第二期投资计划（2022—2026 年），指定 12 个目标产业类别，提出基础建设投资金额预估为 3980 亿泰铢。

（4）柬埔寨。2015 年 8 月，柬埔寨政府发布《2015—2025 年工业发展规划》，提出到 2025 年，柬埔寨工业由劳动密集型向技术密集型转变，工业占 GDP 比重从 2013 年的 24.1％提高到 30.0％，其中制衣业从 15.5％提高到 20.0％；促进出口产品多元化，非纺织品出口比重提升至 15％，其中农产品出口比重达到 12％。

2021 年 6 月，柬埔寨发布《数字经济和数字社会政策框架》，提出计划到 2035 年前实现五大“数字发展目标”，包括数字基础设施建设、建立数字系统信心、培养数字人才、推行电子政府以及推进数字经济等。

2021 年 12 月，柬埔寨财经部发布《新冠肺炎疫情新常态下振兴经济战略框架与项目（2021—2023 年）》，提出计划在两年内，投入近 66 亿美元推行各项发展项目，以推动各个领域在疫情后复苏。

（5）越南。2020 年 6 月，越南发布《至 2025 年国家数字化转型规划及 2030 年发展方向》，提出在医疗保健、教育、金融、银行、农业、交通运输、能源、自然资源、环境和工业生产等九大领域优先进行数字化转型。2020 年 8 月，越南出台《关于促进配套产业发展的决议》（115/NQ - CP），提出到 2025 年，越南企业将能够生产具有较强竞争力的配套工业产品，满足国内生产和消费基本需求的 45％，约占工业产值的 11％；到 2030 年，配套的工业产品将满足 70％的需求，约占工业产值的 14％。

2020 年 12 月，越南发布《至 2030 年第四次工业革命的国家战略》，提出积极利用第四次工业革命带来的机遇，掌握经济社会各领域新技术和应用的自主权，进一步加快基础设施、数据库和人力资源开发，发展电子政务以建立数字政府，增强国家创新能力，优先开发机器人技术、先进材料、可再生能源、人工智能、物联网、大数据和区块链，扩大在科技，特别是优先技术方面的国际合作与一体化。到 2030 年，数字经济占 GDP 的 30％，劳动

生产率年均增长7.5%。

2022年2月，越南发布《关于2021—2025年阶段经济社会发展规划的指示》，提到争取2021—2025年阶段GDP年均增长7%。

2022年4月，越南发布《关于贯彻越南国会2021—2025年经济结构调整决议的政府行动计划》（54/NQ-CP），提出2021—2025年年均劳动生产率增长6.5%以上，国家预算赤字率平均占GDP的3.7%、科研和技术开发支出占GDP比重不低于1%，技术创新企业数量年均增长15%。

第 2 章

能源发展

2.1 能源供需

2.1.1 能源资源禀赋

煤炭资源总体偏少，主要集中在越南。澜湄五国煤炭资源储量为49.3亿t。越南煤炭资源最为丰富，现储量33.6亿t，超过其余四国总和，占全球储量0.3%，储采比73；泰国现储量10.6亿t，占全球储量0.1%，储采比76；老挝煤炭储量5.03亿t，主要用于水泥行业和洪沙煤电所需；缅甸煤炭资源稀缺，仅有600万t的储量；柬埔寨煤炭资源较为贫乏。澜湄五国煤炭储量如图2-1所示。

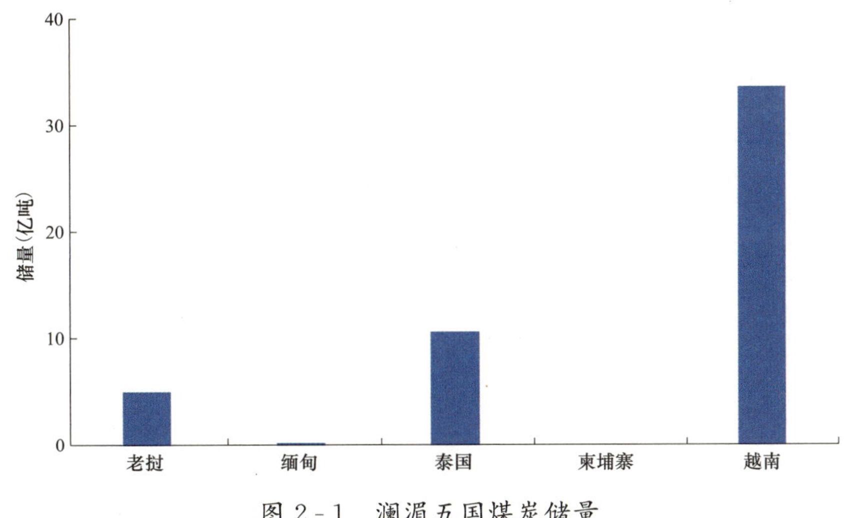

图2-1　澜湄五国煤炭储量

数据来源：英国石油（BP）、泰国能源部、越南工业与贸易部（MOIT）

天然气资源较为丰富，主要分布在缅甸、越南。澜湄五国天然气资源储量14 750亿立方米，缅甸和越南的天然气储量占澜湄五国总量的90.6%。缅甸天然气资源最为丰富，现存6372亿立方米，占全球总储量0.6%，储采比68.4；越南天然气资源绝大部分为海上气田，现存储量为6995亿立方米，占全球总储量0.3%，储采比65.6；泰国天然气开采进入开发后期，现存储量 1383 亿立方米，占全球总储量 0.1%，储采比不足 5.0；老挝和柬埔寨缺乏天然气资源。澜湄五国天然气储量如图 2-2 所示。

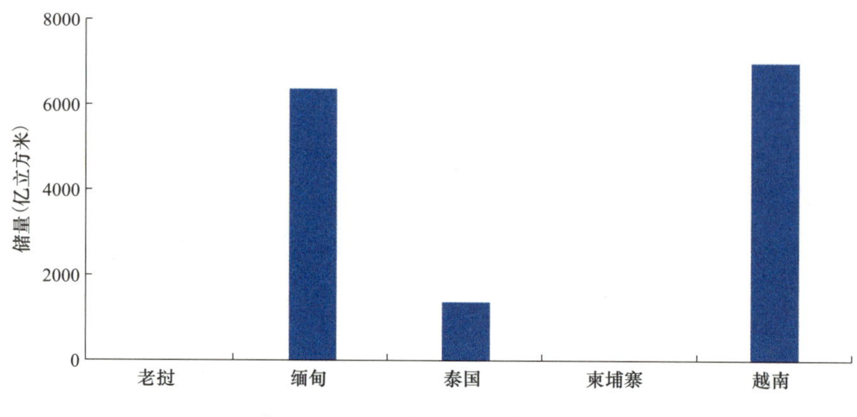

图 2-2　澜湄五国天然气储量

数据来源：英国石油（BP）、泰国能源部、越南工业与贸易部（MOIT）

原油资源储量较少，主要集中在越南。澜湄五国原油资源储量 4.79 亿桶，其中越南原油储量 4.4 亿桶，占澜湄五国总储量的 91.8%；泰国和缅甸有少量的原油资源，储量分别为 0.25 亿桶、0.14 亿桶；老挝和柬埔寨原油资源贫乏。澜湄五国原油储量如图 2-3 所示。

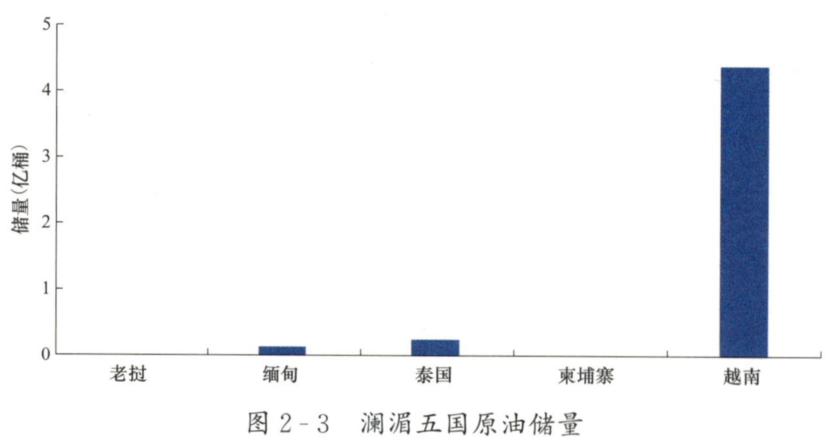

图 2-3　澜湄五国原油储量

数据来源：英国石油（BP）、缅甸电力部（MOEP）、泰国能源部、越南工业与贸易部（MOIT）

水能资源丰沛，主要分布在老挝、缅甸和越南。澜湄五国水能资源技术可开发量 11 780 万 kW，目前已开发水能资源 3520 万 kW，不及可开发量的 30%。老挝、缅甸和越南的水能资源禀赋较优。缅甸水能资源开发潜力巨

大，超5000万kW；老挝因技术与市场等原因，有1600多万kW水能能源待开发；越南水能资源开发已进入后期阶段，仅有不足450万kW待开发；泰国和柬埔寨水能资源相对较少，水能资源技术可开发量分别为880万、700万kW。澜湄五国水能资源分布及利用如图2-4所示。

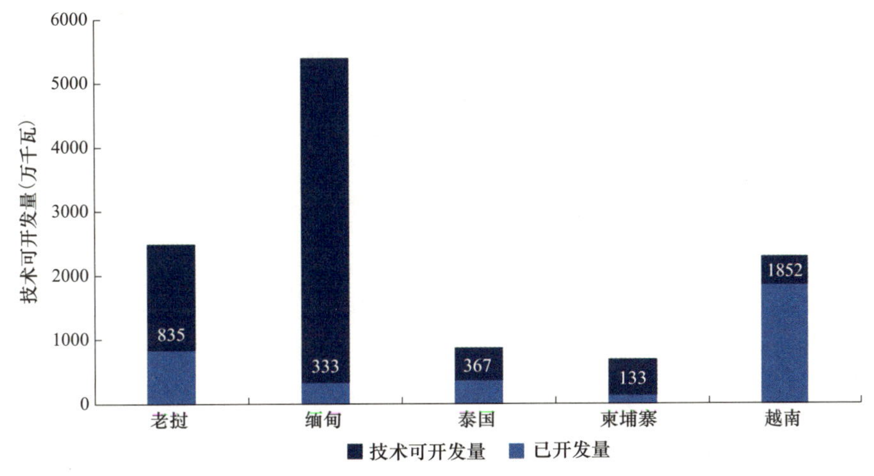

图2-4　澜湄五国水能资源分布及利用

数据来源：世界银行、老挝国家电力公司（EDL）、缅甸电力部（MOEP）、泰国国家电力局（EGAT）、柬埔寨电力公司（EDC）、越南电力集团（EVN）

风能资源较为丰富，主要分布在泰国、越南和缅甸。澜湄五国风能（含陆风、海风）技术可开发量约11.14亿kW，主要分布在泰国、越南和缅甸。其中，澜湄五国陆上风电技术可开发区域内，大部分区域处于5～6m/s的较低风速区间，低风速风电开发潜力巨大。泰国、越南和缅甸风电技术可开发量在3亿～4亿kW之间，老挝、柬埔寨风电技术可开发量不足1亿kW。就实际开发而言，泰国和越南风电开发起步较早，并且保持稳步增长趋势，老挝、缅甸和柬埔寨尚未开始风电的开发。澜湄五国（含陆风、海风）风电技术可开发量如图2-5所示。

太阳能资源较为可观，缅甸和泰国资源优势较为明显。澜湄五国太阳能年平均辐射强度为1400kWh/平方米，技术可开发量8297万kW，主要分布在缅甸和泰国。缅甸技术可开发量为2996万kW，中部资源最为集中，目前尚处初步开发阶段；泰国技术可开发量为2280万kW，主要分布在东北部和中部；越南、老挝、柬埔寨等三国技术可开发量分别为1333万、881万、807万kW。澜湄五国太阳能发电技术可开发量见图2-6。

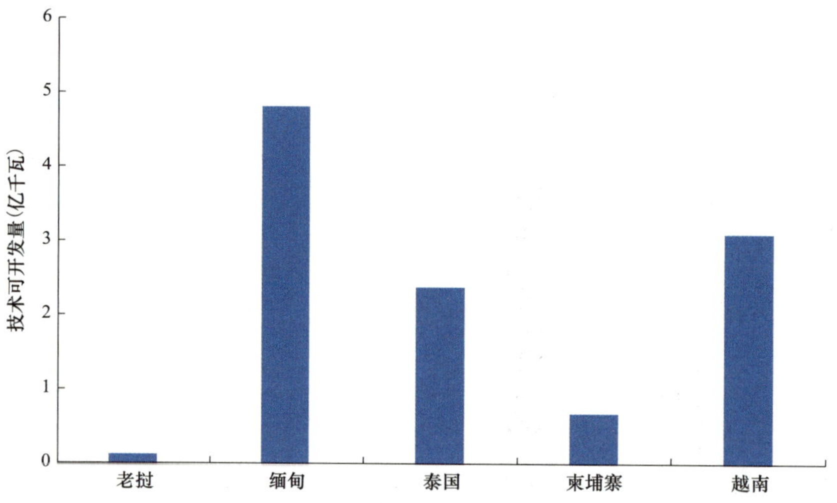

图2-5　澜湄五国（含陆风、海风）风电技术可开发量

数据来源：世界银行、世界自然基金会（WWF）

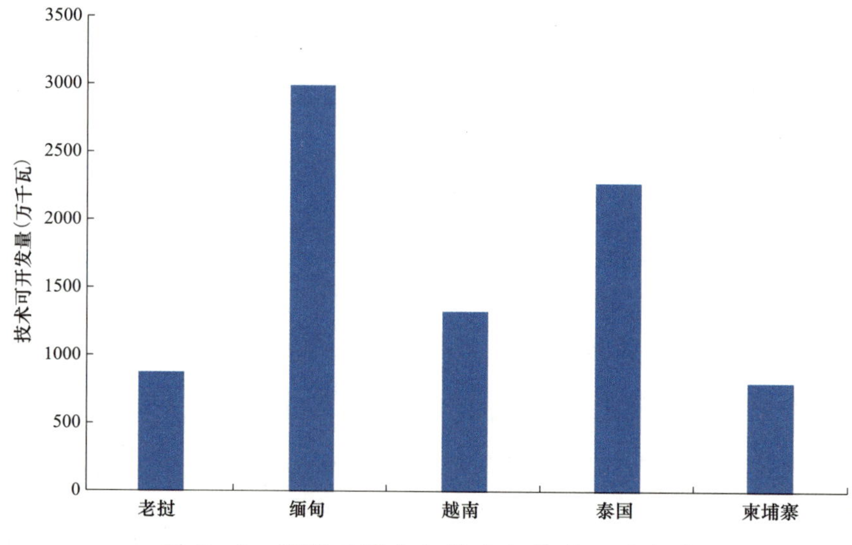

图2-6　澜湄五国太阳能发电技术可开发量

数据来源：世界银行、亚洲开发银行（ADB）

2.1.2　能源生产

一次能源生产总量整体保持稳定，老挝增长速度最快。 2021年，澜湄

五国能源生产总量为 24 491 万 t 标准煤，同比增长 2.3%，较 2010 年增加 0.1 亿 t 标准煤，2010—2021 年年均增长 0.3%，一次能源生产总量基本保持在 24 000～26 000 万 t 标准煤。2010—2021 年澜湄五国一次能源生产总量如图 2-7 所示。

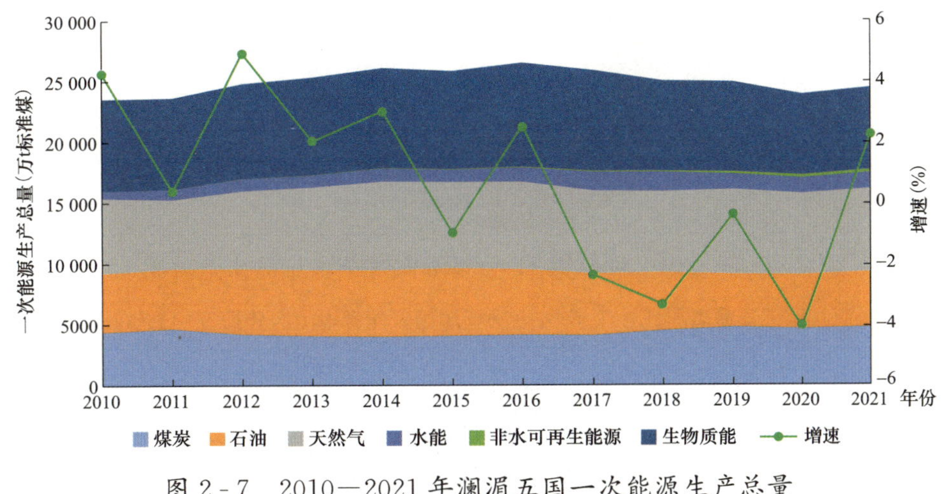

图 2-7　2010—2021 年澜湄五国一次能源生产总量

数据来源：国际能源署（IEA）、南方电网澜湄国家能源电力合作研究中心（LMERC）

一次能源生产量以化石能源和生物质能为主。生物质能、天然气、煤炭及石油是澜湄五国一次能源生产的四大支柱，2021 年分别占一次能源生产总量的 27.7%、27.7%、19.5% 和 18.6%，合计占一次能源生产总量的 93.5%，较 2010 年下降 4.1 个百分点。2010 年和 2021 年澜湄五国一次能源生产结构如图 2-8 所示。

泰国和越南一次能源生产总量在澜湄五国中长期占据主导地位。泰国和越南是澜湄五国中的能源生产大国，2021 年，老挝、缅甸、泰国、柬埔寨和越南的一次能源生产总量分别为 998 万、4352 万、9801 万、582 万 t 标准煤和 8758 万 t 标准煤，占比分别为 4.1%、17.7%、40.3%、2.4% 和 35.5%。泰国和越南一次能源生产总量占比逐年下降，2021 年较 2010 年分别下降 2.7 个百分点、4.1 个百分点。2010 年和 2021 年澜湄五国一次能源生产总量分国别占比如图 2-9 所示。

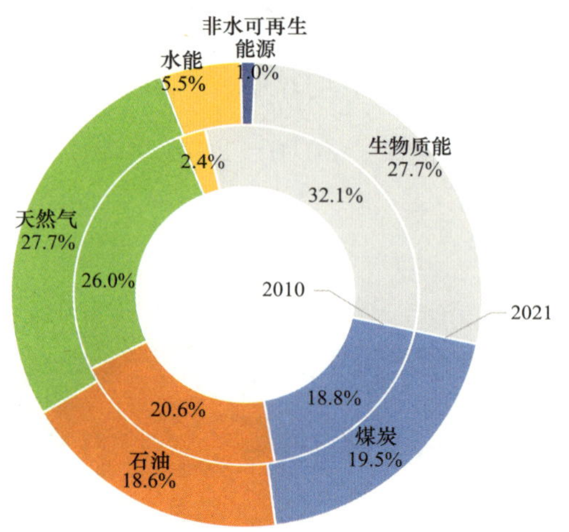

图 2-8　2010 年和 2021 年澜湄五国一次能源生产结构

数据来源：国际能源署（IEA）、南方电网澜湄国家能源电力合作研究中心（LMERC）

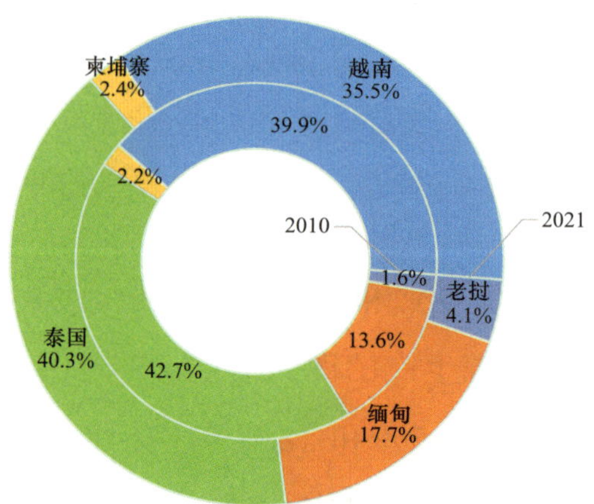

图 2-9　2010 年和 2021 年澜湄五国一次能源生产总量分国别占比

数据来源：国际能源署（IEA）、南方电网澜湄国家能源电力合作研究中心（LMERC）

2.1.3　能源消费

终端能源消费总量整体保持增长态势，电能占终端能源消费总量比重明显增加。受新冠肺炎疫情影响，澜湄五国 2020 年终端能源消费总量小幅下降，2021 年终端能源消费总量有所恢复，为 27 634 万 t 标准煤，同比增加 3%，较 2010 年增加 5896 万 t 标准煤，2010—2021 年年均增速 2.2%。2010—2021 年，除了生物质能消费量累计减少 1253 万 t 标准煤以外，煤炭、石

油、天然气、电力消费量均有增长，分别增长 682 万、2996 万、709 万、2603 万 t 标准煤。2021 年煤炭、石油、天然气、电力、生物质能占终端能源消费总量比重分别为 12.5%、43.7%、5.5%、20.4%、17.9%。2010—2021 年澜湄五国终端能源消费总量如图 2-10 所示。

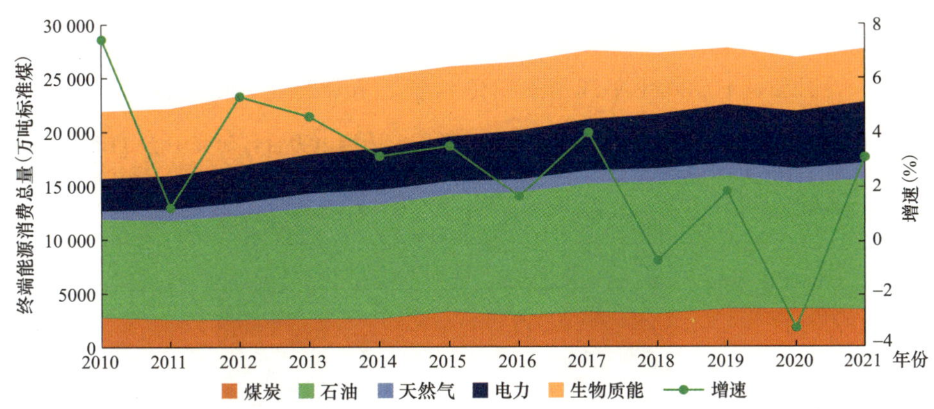

图 2-10 2010—2021 年澜湄五国终端能源消费总量

数据来源：国际能源署（IEA）、南方电网澜湄国家能源电力合作研究中心（LMERC）

泰国终端能源消费总量占五国一半以上，老挝和柬埔寨占比较小。泰国是澜湄五国中终端能源消费总量最大的国家，2021 年泰国能源消费总量为 14 045 万 t 标准煤，占澜湄五国终端能源消费总量的 50.8%；越南和缅甸终端能源消费总量分别 9060 万、3023 万 t 标准煤，分别占 32.8%、10.9%；老挝与柬埔寨两国终端能源消费总量合计 1506 万 t 标准煤，占比约为 5.4%。2021 年澜湄五国终端能源消费总量分国别占比如图 2-11 所示。

工业、交通和居民是能源消费的主要行业。2010—2021 年，澜湄五国整体能源消费的主要行业包括工业、交通和居民，三大消费领域消费占比合计接近 80%，由水平相当调整为以工业和交通为主，居民为辅。2021 年，工业领域能源消费比重最高，为 37%，较 2010 年提高 6 个百分点；其次为交通和居民，分别占 24%和 16%。分国别看，2021 年，泰国和越南工业领域消费比重最高，占比分别为 33%和 54%；老挝、缅甸和柬埔寨居民终端能源消费比重最高，占比分别为 43%、55%和 35%。2010 年和 2021 年澜湄五国分行业能源消费量如图 2-12 所示。

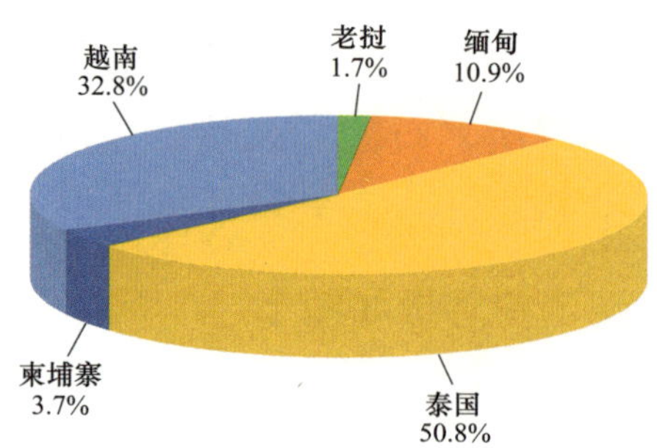

图 2-11　2021 年澜湄五国终端能源消费总量分国别占比

数据来源：国际能源署（IEA）、南方电网澜湄国家能源电力合作研究中心（LMERC）

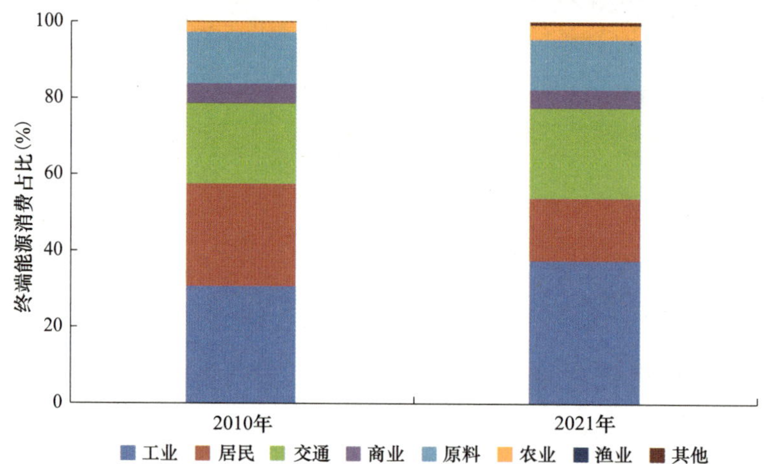

图 2-12　2010 年和 2021 年澜湄五国分行业能源消费量

数据来源：国际能源署（IEA）、南方电网澜湄国家能源电力合作研究中心（LMERC）

2021 年澜湄五国分国别分行业能源消费比重如图 2-13 所示。

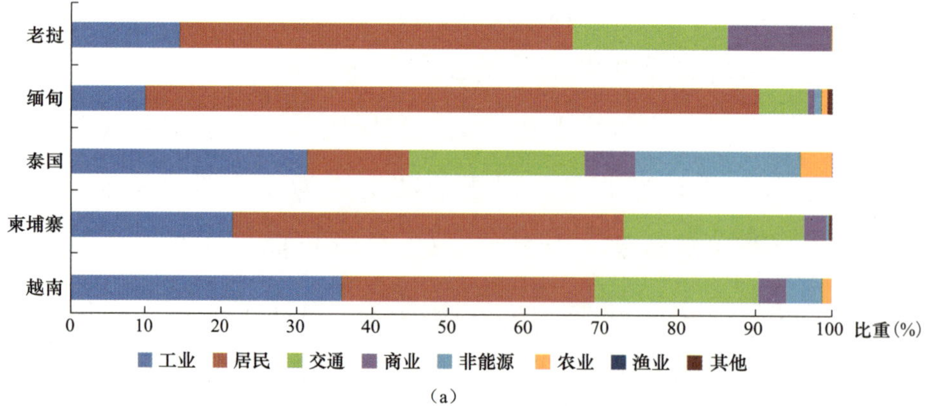

（a）

图 2-13　2021 年澜湄五国分国别分行业能源消费比重（一）

（a）2010 年

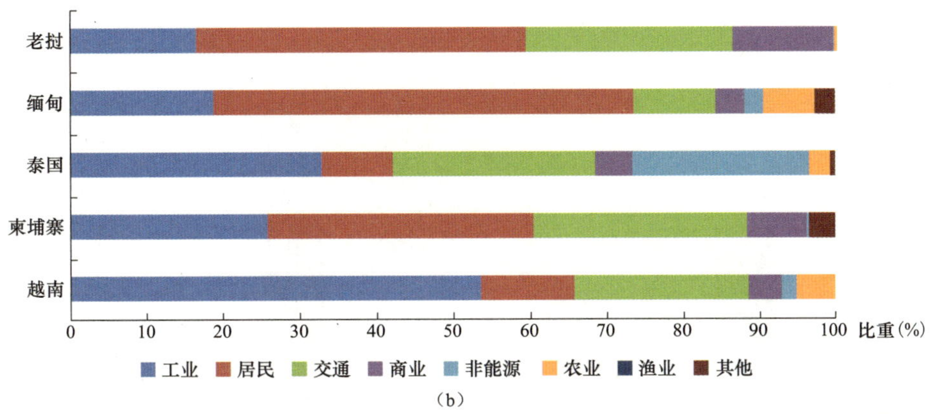

图 2-13 2021 年澜湄五国分国别分行业能源消费比重(二)

(b) 2021 年

数据来源:国际能源署(IEA)、南方电网澜湄国家能源电力合作研究中心(LMERC)

2.2 能源进出口贸易

澜湄五国整体为能源(化石能源)净进口地区。2010 年以来,澜湄五国一直是能源净进口地区,且能源净进口量逐年攀升。2020 年,澜湄五国合计净进口量为 14 841 万 t 标准煤(进口量为 19 766 万 t 标准煤,出口量为 4925 万 t 标准煤),较 2010 年增加 9520 万 t 标准煤,年均增速为 10.8%。从能源进口方向看,澜湄五国主要从印度尼西亚、澳大利亚、俄罗斯和中国等国进口煤炭;从阿联酋、沙特阿拉伯、美国、阿塞拜疆、科威特等国进口原油;从卡塔尔、马来西亚、印度尼西亚等国进口天然气。

泰国、越南、柬埔寨为能源净进口国,缅甸和老挝为能源净出口国,泰国能源对外依赖程度较高。2020 年,泰国能源净进口总量为 10 057 万 t 标准煤,柬埔寨为 638 万 t 标准煤(无能源出口),越南为 5064 万 t 标准煤;缅甸和老挝能源净出口总量分别为 751 万、168 万 t 标准煤。2020 年澜湄五国能源进出口情况如图 2-14 所示。

分国别化石能源进出口地区统计情况如表 2-1 所示。

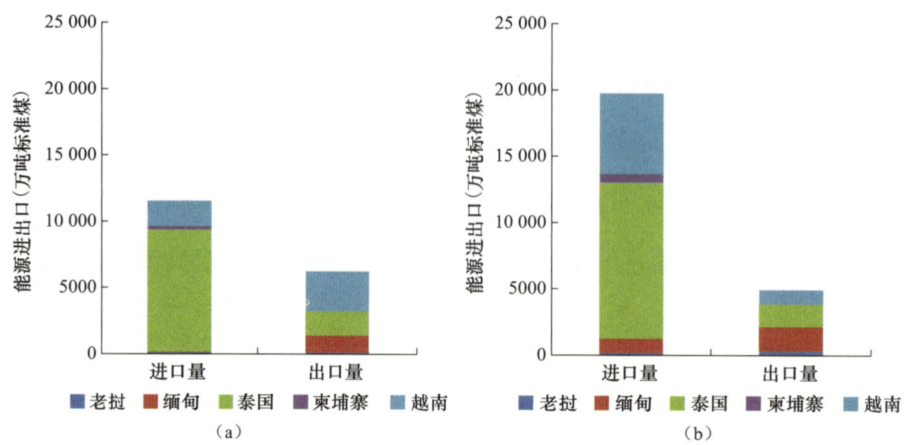

图2-14　2020年澜湄五国能源进出口情况

（a）2010年；（b）2020年

数据来源：国际能源署（IEA）、南方电网澜湄国家能源电力合作研究中心（LMERC）

表2-1　　分国别化石能源进出口地区统计情况

国别	进口			出口		
	煤炭	原油	天然气	煤炭	原油	天然气
老挝	澳大利亚、泰国、中国、印尼、越南	泰国、中国、越南、韩国	泰国、中国	—	—	—
缅甸	澳大利亚、中国、印尼、俄罗斯、越南	泰国、中国、马来西亚、卡塔尔	马来西亚	—	新加坡、南非	泰国、中国
泰国	印尼、澳大利亚、俄罗斯	阿联酋、沙特、美国、俄罗斯	缅甸、卡塔尔、马来西亚	斯里兰卡、孟加拉国、老挝、缅甸	柬埔寨、新加坡、老挝、缅甸、中国	柬埔寨、老挝、越南
柬埔寨	印尼、澳大利亚、泰国、中国	泰国、越南、马来西亚	越南、泰国、印度尼西亚	—	—	—
越南	印尼、澳大利亚、南非、俄罗斯	科威特、马来西亚、泰国	卡塔尔、马来西亚、韩国	日本、新加坡、韩国	中国、日本、澳大利亚、老挝	柬埔寨

澜湄五国和中国在能源资源利用和互济方面呈现优势，具体而言：

澜湄国家的区位紧密程度和化石能源资源禀赋为化石能源互补提供有利条件。煤炭方面已形成以缅甸、越南为主要出口国，中国、泰国为主要进口国的贸易格局；原油及油制品已形成以泰国、越南、中国为出口国，其他三国为进口国的贸易格局；天然气方面已形成以缅甸、泰国为主要出口国，其他四国为进口国的贸易格局。澜湄国家还从澳大利亚、俄罗斯、中东等国家和地区进口化石能源作为补充。

澜湄国家具有较好的以水电为基础的清洁能源互济基础。老挝、缅甸、中国西部地区水电资源丰富，目前已初步具备清洁能源资源优化配置能力，形成以老挝、缅甸为出口国，其他国家为进口国的贸易格局。在能源转型背景下，以水为纽带的清洁能源发展及合作必要性将凸显。

2.3 主要能源指标

能源消费碳排放持续上升，煤炭和石油利用为主要碳排放来源。2021年，澜湄五国能源消费活动二氧化碳排放总量为6.2亿t，同比上升2.3%，较2010年增加2.6亿t，2010—2021年年均增速5%。煤炭和石油的燃烧和利用为主要的二氧化碳排放来源，2021年分别占总排放量的46.8%、33.0%，合计较2010年增加18个百分点。煤炭燃烧和利用带来的排放增速最大，2010—2021年年均增速为7.6%，高于石油2.9%和天然气3.8%的年均增速。2010—2021年分能源品种碳排放量及增速如图2-15所示。

单位国内生产总值（GDP）[1] 能耗持续下降，缅甸和泰国能源消费强度低于五国平均水平。产业结构调整及升级带动澜湄五国能源消费强度下降，2021年澜湄五国平均单位GDP能耗为4.3吨标准煤/万美元，较2010年下降14%，2010—2021年年均下降1.5%。分国别看，缅甸和泰国2021年单

[1] 所采用GDP为2015年可比价，本节下同。

位 GDP 能耗分别为 4、4.1t 标准煤/万美元，较 2010 年分别下降 8.4%、15%，两国能源强度低于澜湄五国平均水平；柬埔寨和越南 2021 年单位 GDP 能耗分别为 5.1、4.6t 标准煤/万美元，较 2010 年分别下降 12.1%、19.1%；老挝 2021 年单位 GDP 能耗为 6.2 吨标准煤/万美元，较 2010 年上升 36.7%。2010 年和 2021 年澜湄五国能源消费强度对比如图 2-16 所示。

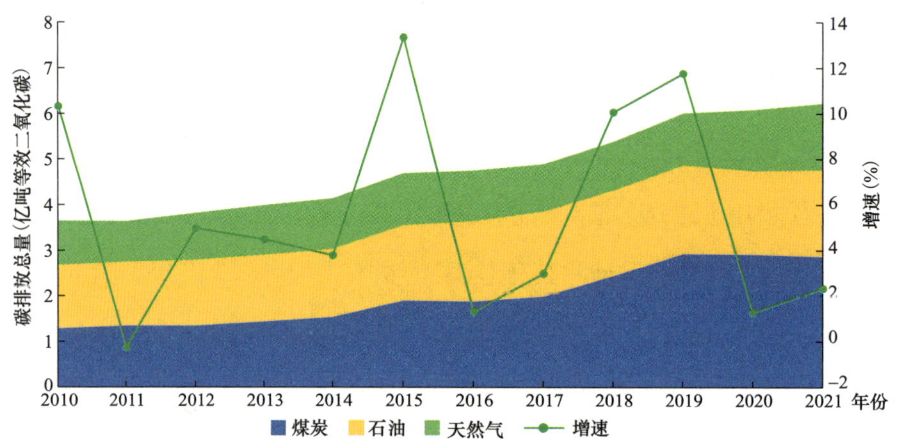

图 2-15　2010—2021 年分能源品种碳排放量及增速

数据来源：国际能源署（IEA）、南方电网澜湄国家能源电力合作研究中心（LMERC）

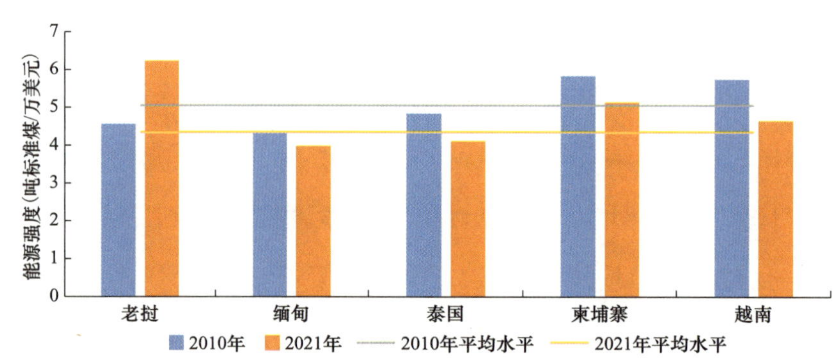

图 2-16　2010 年和 2021 年澜湄五国能源消费强度对比

数据来源：国际能源署（IEA）、南方电网澜湄国家能源电力合作研究中心（LMERC）

单位 GDP 二氧化碳排放量（碳排放强度）总体有所上升，老挝、缅甸、柬埔寨、越南碳排放强度呈上升趋势。2021 年澜湄五国平均碳排放强度为 0.74 千克/美元，较 2010 年增加 0.09 千克/美元，2010—2021 年年均增长

1.3%。分国别看，2021 年缅甸、泰国和柬埔寨碳排放强度分别为 0.41、0.59、0.53 千克/美元，低于澜湄五国平均水平；老挝和越南 2021 年碳排放强度分别为 0.98、1.11 千克/美元，高于澜湄五国平均水平。老挝、缅甸、柬埔寨、越南 2021 年碳排放强度较 2010 年增加，分别增加 0.68、0.23、0.14、0.24 千克/美元，泰国下降 0.05 千克/美元。2010 年和 2021 年澜湄五国碳排放强度对比如图 2-17 所示。

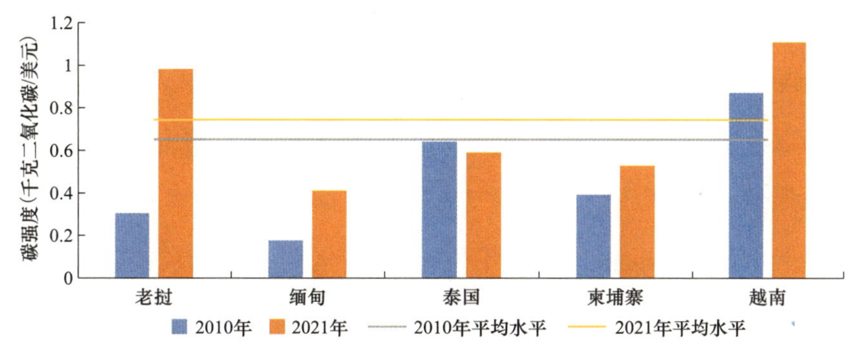

图 2-17　2010 年和 2021 年澜湄五国碳排放强度对比

数据来源：国际能源署（IEA）、南方电网澜湄国家能源电力合作研究中心（LMERC）

2.4　能源低碳发展规划

2.4.1　能源行业规划

在全球能源转型背景下，澜湄五国制定并发布清洁能源发展战略和规划，在控制能源消费总量基础上，注重清洁能源发展。

(1) 老挝。能源消费总量控制方面，2021 年发布《国家自主贡献》，提出常规政策情景（BAU）下，2030 年老挝终端能源消费总量下降 10%。

可再生能源发展方面，2021 年发布《老挝 2021—2030 年电力发展规划》，提出计划至 2025 年该国可再生能源占终端能源比例达 30%，具体措施包括通过在交通部门推广使用电动汽车来减少燃料进口，促进农村沼气利用，在煤电厂推广洁净煤技术处理等。

（2）缅甸。能源消费总量控制方面，2016年发布《缅甸能源效率与节能政策、战略和路线图》，提出至2020、2025年和2030年缅甸终端能源消费总量相比2012年分别减少12%、16%、20%。其中，2020年和2030年薪材占终端能源消费总量比例分别减少58%、46%。

可再生能源发展方面，2020年发布《缅甸能源展望2040》，提出至2025、2030、2035年和2040年缅甸可再生能源占终端能源消费总量比例分别为14%、16%、19%和21%。

（3）泰国。能源消费总量控制方面，2011年发布《泰国二十年能效发展规划（2011—2030年）》，提出2030年终端能源消费总量较2005年下降20%，能源强度下降25%。

可再生能源发展方面，2018年发布《泰国可替代能源发展规划2018—2037年》，提出至2037年泰国可再生能源占终端能源消费总量比重达30%，水电、光伏发电、风电、生物质发电的装机容量分别为310万、1550万、300万、470万kW。

（4）柬埔寨。能源消费总量控制方面，2019年发布《柬埔寨能源总体规划》，提出BAU场景下，至2030年柬埔寨全行业用能下降10%，输配电网损耗下降至8%以下，工业领域能源强度减少15%，客车发动机效率提升15%。

可再生能源发展方面，《柬埔寨能源总体规划》提出，2030年发电侧基本形成以水电为主、煤电与非水可再生能源为支撑的电源结构，水电、煤电、生物质发电、光伏发电的比重分别为55%、30%、6.5%、3.5%。2020年发布《2020—2030年电力发展规划》，提出到2030年全国装机容量将达到1598万kW，新增装机中约40%为新能源发电（水电、光伏、风电等），其中集中式光伏新增150万kW。

（5）越南。能源消费总量控制方面，2019年批准《2019—2030年国家能源效率计划》，提出2025年终端能源消费总量较2019年下降5%～7%，2030年下降8%～10%，2025年和2030年电网损耗分别减少至

6.5%、6%。

可再生能源发展方面，近期《2021—2035年国家电力发展总体规划（展望至2045年）》（PDP 8）最新草案提出，至2025、2035年和2045年越南可再生能源发电比重分别为45%、42%、60%，装机比重分别为52%、53%、68%。

2.4.2 绿色发展目标

1. 净零排放时间表

为应对气候变化，老挝、泰国、柬埔寨和越南均承诺到2050年实现碳中和或净零排放的目标，缅甸的净零排放目标仍处于讨论研究阶段，各国均已有清洁低碳发展共识。

老挝在2020年气候雄心峰会中提出到2050年实现净零排放。

根据英国能源与气候情报中心（ECIU），缅甸计划2050年实现净零排放，但相关目标仍处在政策讨论阶段。

泰国在2021年《联合国气候变化框架公约》第二十六次缔约方大会（COP26）上提出将力争在2050年实现碳中和、2065年实现净零排放的目标。

柬埔寨在2021年《碳中和长期战略实施细则》（LTS4CN）中指出，到2050年，将实现碳中和。

越南在2021年《联合国气候变化框架公约》第二十六次缔约方大会（COP26）上提出到2050年实现净零排放的目标。

2. 绿色发展指标

在《巴黎协定》框架之下，澜湄五国均向联合国提交了国家自主奉献目标，承诺减少温室气体排放。澜湄五国均使用BAU情景作为减排基准。缅甸、泰国和越南三国提出了无条件和有条件的减排目标[1]，老挝只提出了无条件的减排目标，柬埔寨仅提出有条件的减排目标。

[1] 有条件的减排目标需要在获得外界的资金、技术和能力建设等方面的资助的情况下方可实现。

（1）老挝。老挝2021年5月提交《国家自主贡献》，提出无条件情况下，到2030年温室气体排放减少60%，为实现这一目标，老挝将在未来十年减少森林砍伐，水电装机容量达到1300万kW，引进5万个节能炉灶，并在万象建设新的快速公交系统和通往中国的新铁路（已通车运行）；有条件情况下，老挝计划到2030年将森林覆盖率提高到70%。

（2）缅甸。缅甸2021年8月提交《国家自主贡献》，提出无条件情况下，到2030年减少2.45亿t等效二氧化碳（减少28.6%）；有条件情况下，减少4.15亿t等效二氧化碳（减少48.5%）。其中，能源以及农业、林业和其他土地利用（AFOLU）是减排的主要行业，无条件情况下，到2030年，两个行业分别减少1.05亿t等效二氧化碳和1.24亿t等效二氧化碳。此外，在外界资助的情况下，2030年，缅甸保留林和公共保护林覆盖率将达到30%。

（3）泰国。泰国2020年6月提交《国家自主贡献》，提出无条件情况下，到2030年温室气体排放减少20%；有条件的情况下，排放减少25%。同时，重申将替代能源发展计划、电力发展计划和能源效率计划等国家重要能源规划纳入国家战略。

（4）柬埔寨。柬埔寨2020年12月提交《国家自主贡献》，提出有条件情况下，2030年温室气体排放量降至9050万t等效二氧化碳，降幅达41.7%。其中，林业和土地利用、能源在减排目标中发挥着关键作用，分别占总减排目标的59.1%和21.2%。有条件情况下，缅甸2030年森林覆盖率增加到60%。

（5）越南。越南2020年9月提交《国家自主贡献》，提出无条件情况下，到2030年温室气体总排放量减少9%；有条件情况下，排放减少27%。无条件情况下，越南计划将森林占国土面积的比例增加到42%～42.5%。

澜湄五国国家自主贡献目标如表2-2所示。

表 2-2　　澜湄五国国家自主贡献目标

国别	温室气体减排目标		森林碳汇	
	无条件	有条件	无条件	有条件
老挝	60%	—	—	森林覆盖率达到 70%
缅甸	28.6%	48.5%	—	保留林和公共保护林覆盖率达到 30%
泰国	20%	25%	—	—
柬埔寨	—	41.7%	—	森林覆盖率达到 60%
越南	9%	27%	森林覆盖率达到 42%～42.5%	—

数据来源：澜湄五国《国家自主贡献》

第 3 章

电力发展

3.1 电力供应

3.1.1 澜湄五国电力供应

电源装机及发电量增长动力强劲。2010—2021年，澜湄五国在旺盛的电力需求驱动和预期展望下，电源装机保持快速增长。2021年澜湄五国电源装机规模为14 068万kW，同比增加6.7%，是2010年的2.35倍，2010—2021年年均增速8.1%；2021年发电总量为4748亿kWh，同比减少2%，是2010年的1.8倍，2010—2021年年均增速5.7%。

越南和泰国电源装机及发电规模领先。2010年以来，越南和泰国电源装机和发电量在澜湄五国中占有较大比重，两国合计电源装机、发电量均基本维持在85%以上。2021年，两国电源装机占比分别为52.8%、33.0%，发电量占比分别为48.2%、38.5%。2010—2021年澜湄五国电源装机总量如图3-1所示。

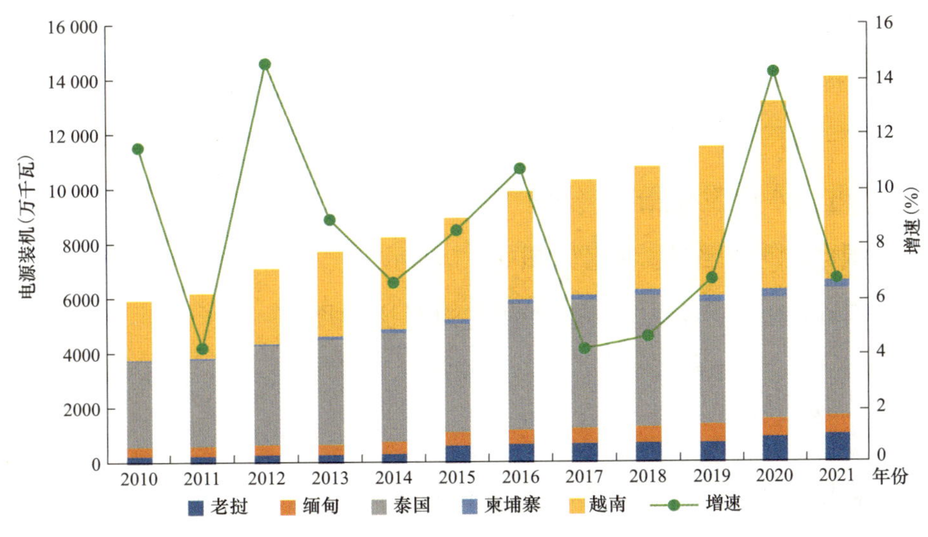

图3-1 2010—2021年澜湄五国电源装机总量

数据来源：老挝国家电力公司（EDL）、缅甸电力部（MOEP）、泰国国家电力局（EGAT）、柬埔寨电力公司（EDC）、越南电力集团（EVN）

2010—2021年澜湄五国发电总量如图3-2所示。

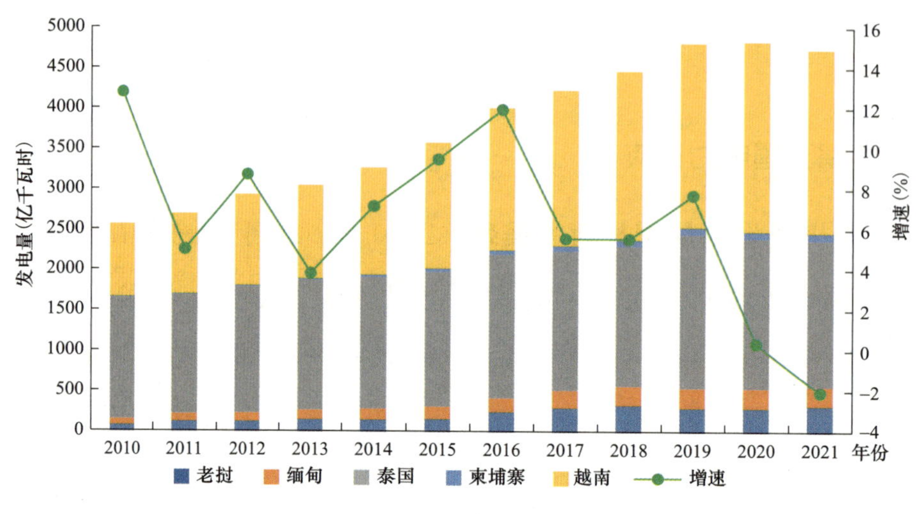

图3-2　2010—2021年澜湄五国发电总量

数据来源：老挝国家电力公司（EDL）、缅甸电力部（MOEP）、泰国国家电力局（EGAT）、柬埔寨电力公司（EDC）、越南电力集团（EVN）

电力供应整体向多元化发展，非水可再生能源比重持续上升。2010年，澜湄五国整体电力供应以火电和水电为主。越南、泰国等国近年加速发展太阳能和风能等新能源。2021年澜湄五国非水可再生能源[1]装机占比由2010年的3.5%提升至22.4%，火电和水电分别下降至52.6%、25.0%。发电结构方面，非水可再生能源的发电比重由2010年的1.4%提升至2021年的9.8%，火电、水电发电比重分别下降至69.3%、20.9%。2010年和2021年澜湄五国电源装机结构对比如图3-3所示。

2010年和2021年澜湄五国发电结构对比如图3-4所示。

3.1.2　分国别电力供应

(1) 老挝。电力装机和发电量保持较快增长。2021年老挝电力装机规模为1032万kW，同比增长10.1%，是2010年的3.9倍，2010—2021年年均增速13.4%；2021年发电量为330亿kWh，同比增长9.5%，是2010年

[1] 非水可再生能源包括太阳能、风能、生物质能等发电形式，本章下同。

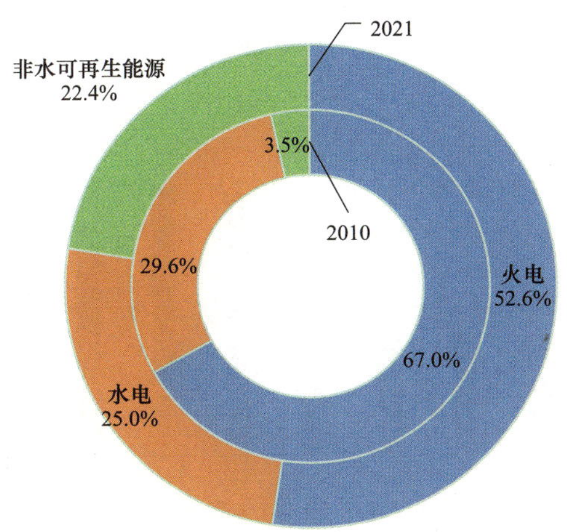

图 3-3 2010 年和 2021 年澜湄五国电源装机结构对比

数据来源：老挝国家电力公司（EDL）、缅甸电力部（MOEP）、泰国国家电力局（EGAT）、柬埔寨电力公司（EDC）、越南电力集团（EVN）

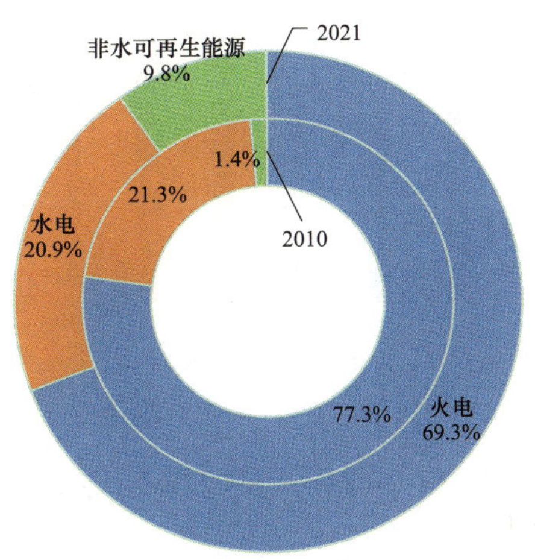

图 3-4 2010 年和 2021 年澜湄五国发电结构对比

数据来源：老挝国家电力公司（EDL）、缅甸电力部（MOEP）、泰国国家电力局（EGAT）、柬埔寨电力公司（EDC）、越南电力集团（EVN）

的 3.9 倍，2010—2021 年年均增速 13.3%。2010—2021 年老挝电源装机及增速如图 3-5 所示。

2010—2021 年老挝发电量及增速如图 3-6 所示。

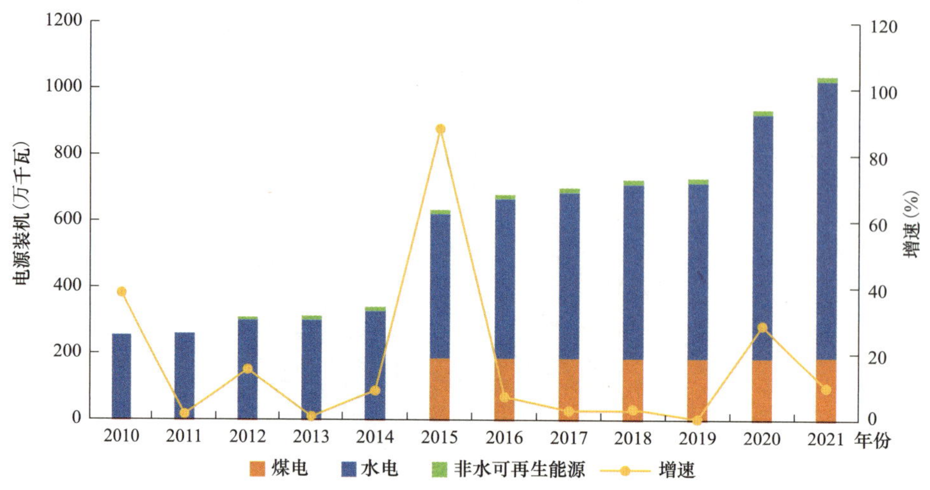

图3-5　2010—2021年老挝电源装机及增速

数据来源：老挝国家电力公司（EDL）

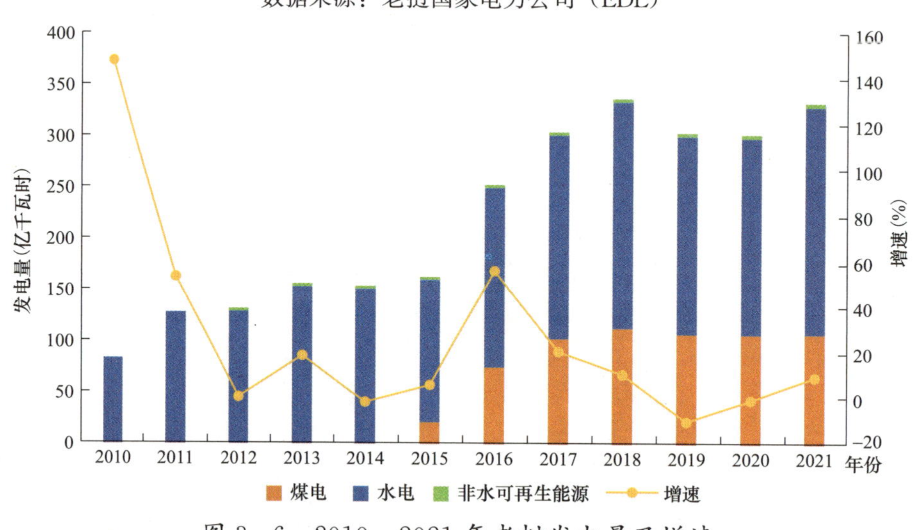

图3-6　2010—2021年老挝发电量及增速

数据来源：老挝国家电力公司（EDL）

全国电源结构以水电为主。2015年以前，老挝电力供应几乎全部依靠水电，随着2015年187.5万kW洪沙燃煤电厂投产后，煤电装机和发电比重大幅上升。装机结构方面，2021年水电装机比重为80.9%，火电18.5%，非水可再生能源0.6%；发电结构方面，2021年水电发电比重为67.2%，火电32.4%，非水可再生能源0.4%。

2010年和2021年老挝电源装机结构如图3-7所示。

2010年和2021年老挝发电结构如图3-8所示。

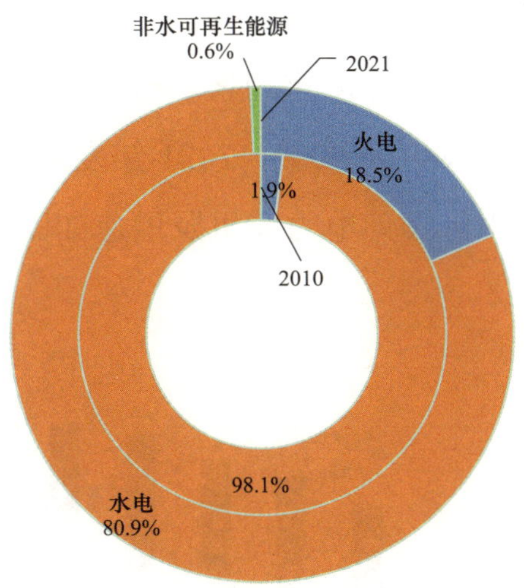

图 3-7 2010 年和 2021 年老挝电源装机结构

数据来源：老挝国家电力公司（EDL）

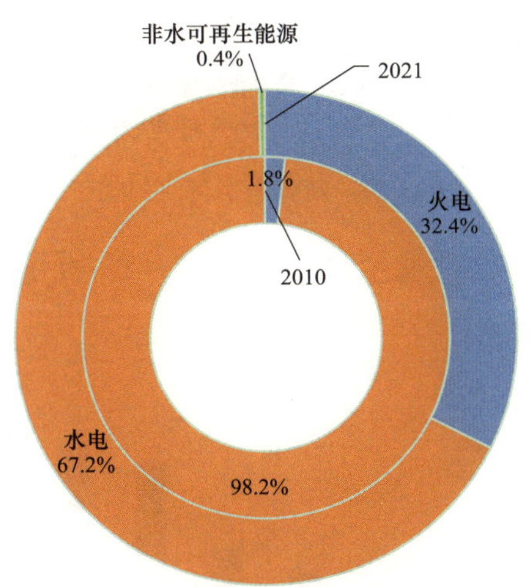

图 3-8 2010 年和 2021 年老挝发电结构

数据来源：老挝国家电力公司（EDL）

若仅考虑留存国内电源，老挝几乎为纯水电系统。截至 2021 年底，老挝留存电源 425.6 万 kW，水电装机占比为 96.1%，火电大部分外送泰国。

(2) 缅甸。电源装机和发电量由快速增长转为趋于稳定。2021 年缅甸电力装机规模为 673 万 kW，同比增长 1.8%，是 2010 年的 2 倍，2010—2021 年年均增速 6.4%。2010—2019 年，缅甸发电量保持快速增长，年均增速14.5%。2020年以来，受国内政治局势陷入混乱影响，以及国内基础设施受损、国际能源价格上涨等多重因素，电力基础设施建设推进缓慢，电源装机基本无变化，同时发电量减少，2021年发电量为238亿kWh，同比下降3.4%。2010—2021年缅甸电力装机及增速如图3-9所示。

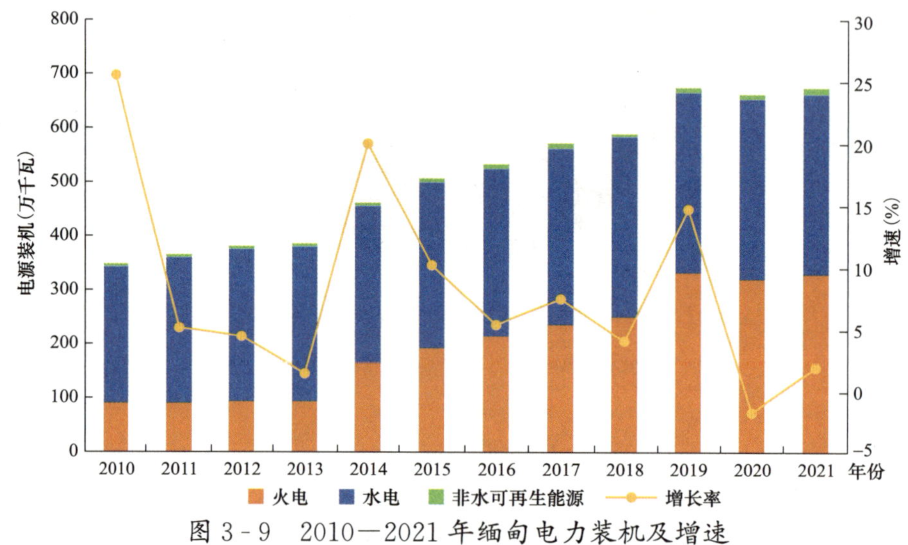

图3-9　2010—2021年缅甸电力装机及增速

数据来源：缅甸电力部（MOEP）

2010—2021年缅甸发电量及增速如图3-10所示。

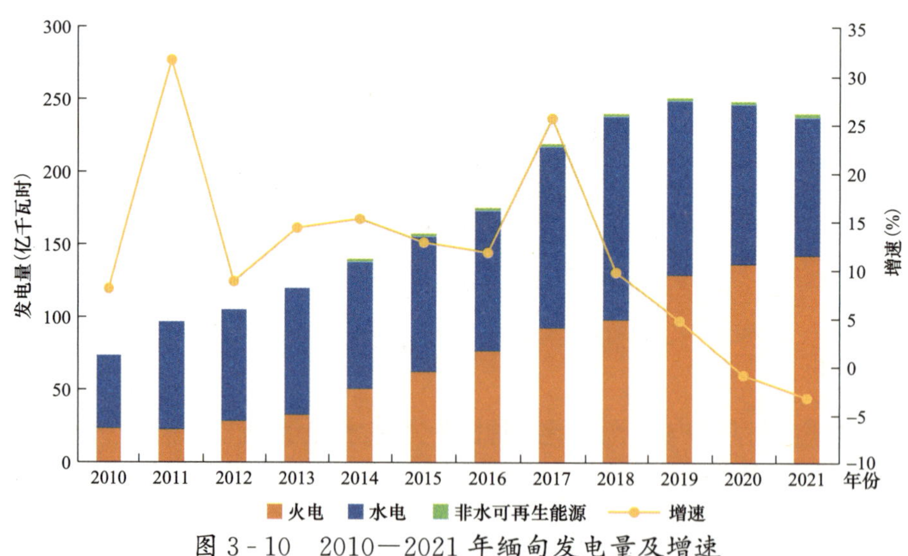

图3-10　2010—2021年缅甸发电量及增速

数据来源：缅甸电力部（MOEP）

电力供应以水电和气电为主。装机结构方面，2021年水电和火电装机

比重分别为49.5%、48.8%，非水可再生能源1.8%；发电结构方面，2021年水电发电比重为39.9%，火电59.7%，非水可再生能源0.4%。2010年和2021年缅甸电源装机结构如图3-11所示。

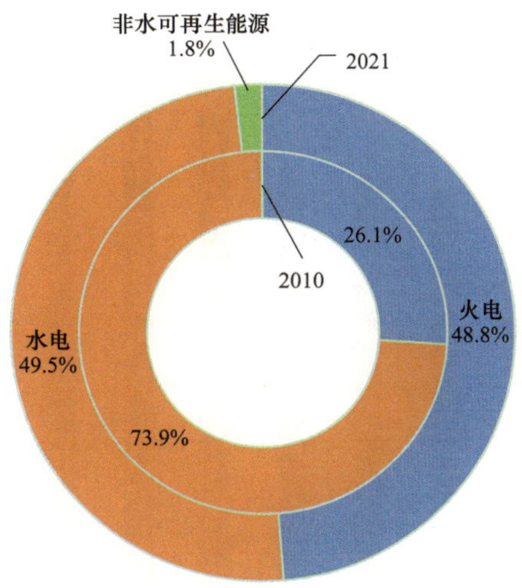

图3-11 2010年和2021年缅甸电源装机结构

数据来源：缅甸电力部（MOEP）

2010年和2021年缅甸发电结构如图3-12所示。

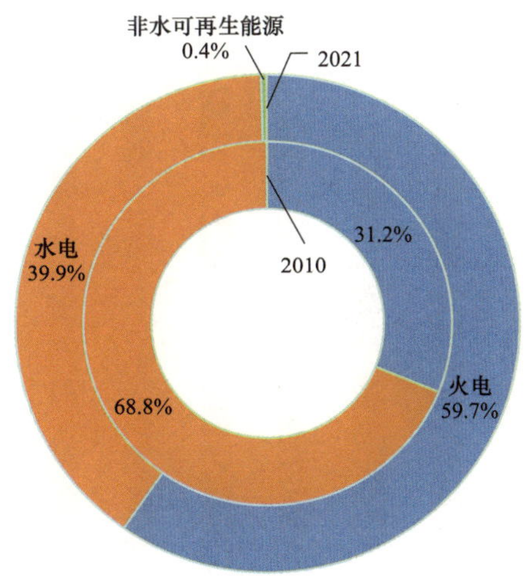

图3-12 2010年和2021年缅甸发电结构

数据来源：缅甸电力部（MOEP）

(3) 泰国。电力装机和发电量总体较其他四国处于低速增长水平。2021

年泰国电力装机规模为4644万kW，同比增长3.6%，较2010年增加47.3%，2010—2021年均增速3.6%；2021年发电量为1812亿kWh，同比增长2.5%，较2010年增加20.5%，2010—2021年均增速1.7%。

2010—2021年泰国电源装机及增速如图3-13所示。

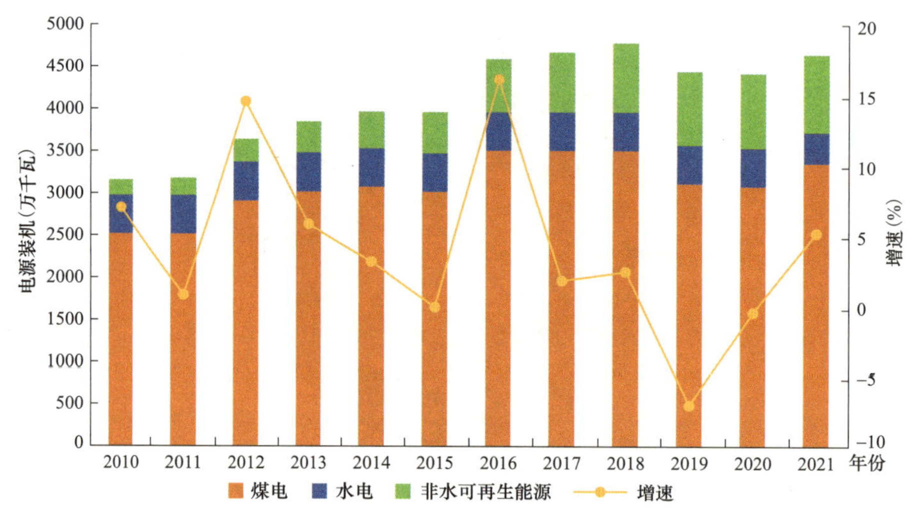

图3-13　2010—2021年泰国电源装机及增速

数据来源：泰国国家电力局（EGAT）

2010—2021年泰国发电量及增速如图3-14所示。

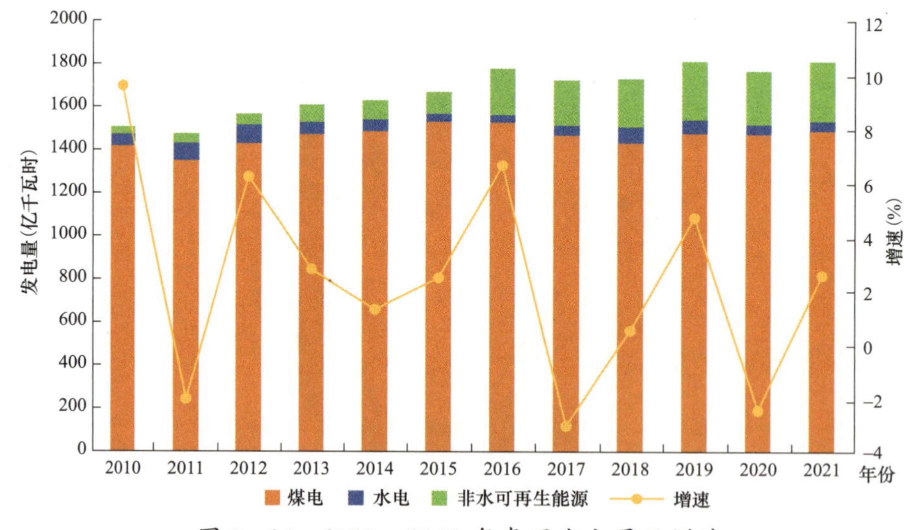

图3-14　2010—2021年泰国发电量及增速

数据来源：泰国国家电力局（EGAT）

电力供应以火电为主，近年新能源比重快速上升。火电长期在泰国电源

结构中占据主导地位，随着2013年以来泰国政府加大风电和太阳能的开发力度，新能源的装机和发电比重显著上升。装机结构方面，2021年火电装机比重为72.2%，水电7.9%，非水可再生能源由2010年的5.8%提升至19.9%；发电结构方面，2021年火电发电比重为82.1%，水电2.5%，非水可再生能源由2010年的2.2%提升至15.4%。

2010年和2021年泰国装机结构如图3-15所示。

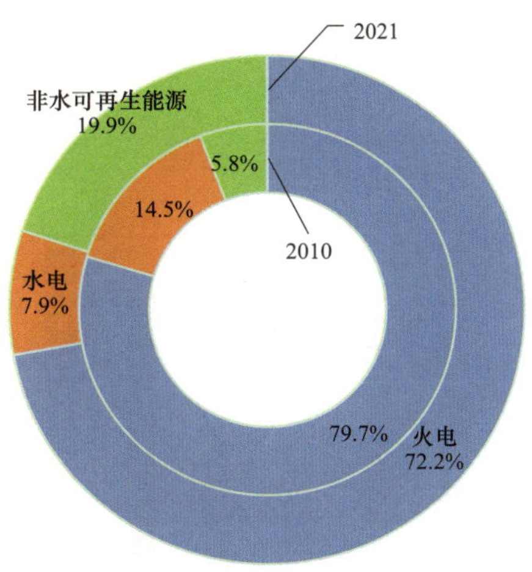

图3-15　2010年和2021年泰国装机结构

数据来源：泰国国家电力局（EGAT）

2010年和2021年泰国发电结构如图3-16所示。

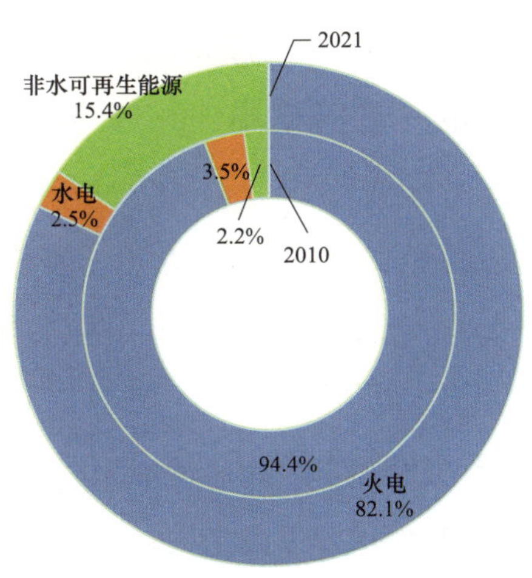

图3-16　2010年和2021年泰国发电结构

数据来源：泰国国家电力局（EGAT）

(4) 柬埔寨。电力装机和发电量增速迅猛，年均增速均超 20%。2021 年柬埔寨电力装机规模为 292 万 kW，同比下降 2.3%，是 2010 年的 8.7 倍，2010—2021 年均增速 21%；2010—2019 年发电量呈现快速增长趋势，近两年基本保持稳定，2021 年发电量为 96.2 亿 kWh，同比增长 12.1%，是 2010 年的 10.2 倍，2010—2021 年均增速 23.5%。2010—2021 年柬埔寨电源装机及增速如图 3-17 所示。

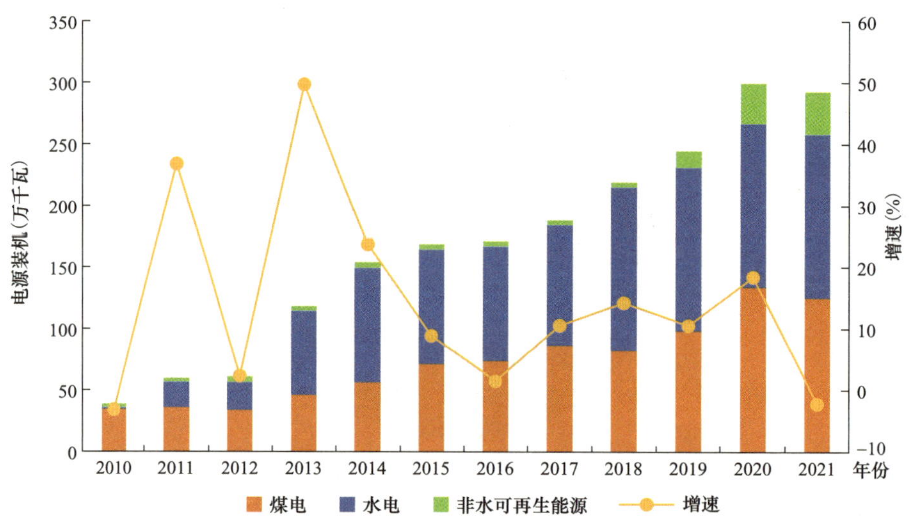

图 3-17　2010—2021 年柬埔寨电源装机及增速

数据来源：柬埔寨电力公司（EDC）

2010—2021 年柬埔寨发电量及增速如图 3-18 所示。

电力供应形成火、水电并重的格局。2010 年，柬埔寨电力结构单一，火电占电源装机和发电量比重均超 90%。近十年，柬埔寨积极开发境内水电，逐步形成火电与水电相互支撑的电源格局。装机结构方面，2021 年火电装机比重为 42.7%，水电 45.5%，非水可再生能源 11.8%；发电结构方面，2021 年火电发电比重为 50.9%，水电 45%，非水可再生能源 4.1%。2010 年和 2021 年柬埔寨装机结构如图 3-19 所示。

2010 年和 2021 年柬埔寨发电结构如图 3-20 所示。

(5) 越南。电力装机规模持续攀升，近三年在新能源助推下，装机规模增幅明显；同时，近两年受需求疲软影响，发电量增长有所放缓。2021 年

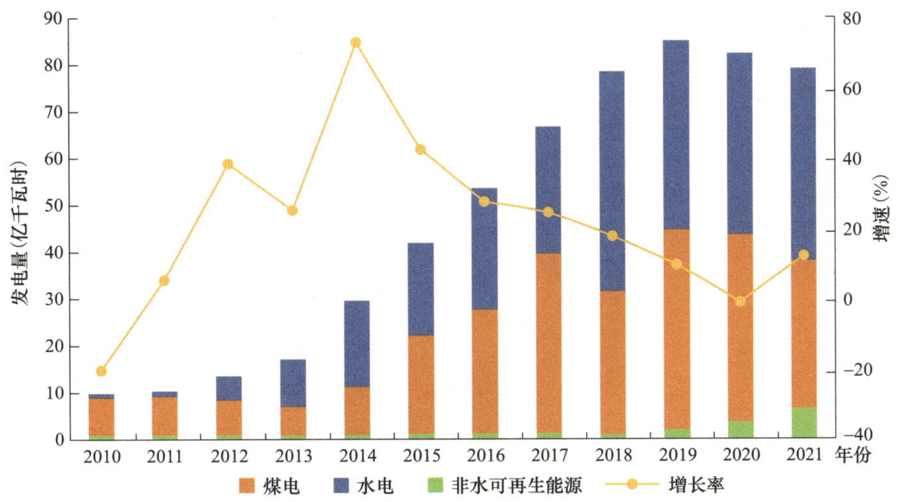

图 3-18 2010—2021 年柬埔寨发电量及增速

数据来源：柬埔寨电力公司（EDC）

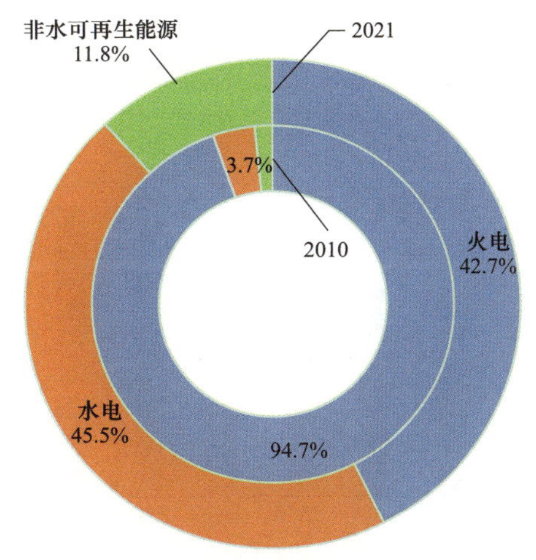

图 3-19 2010 年和 2021 年柬埔寨装机结构

数据来源：柬埔寨电力公司（EDC）

越南电力装机规模为 7426 万 kW，同比增长 8.1%，是 2010 年的 3.4 倍，2010—2021 年年均增速 11.8%；受疫情影响，越南 2021 年发电量有所下降，2021 年发电量为 2272 亿 kWh，同比下降 3.4%，是 2010 年的 2.5 倍，2010—2021 年年均增速 8.7%。2010—2021 年越南电源装机及增速如图 3-21 所示。

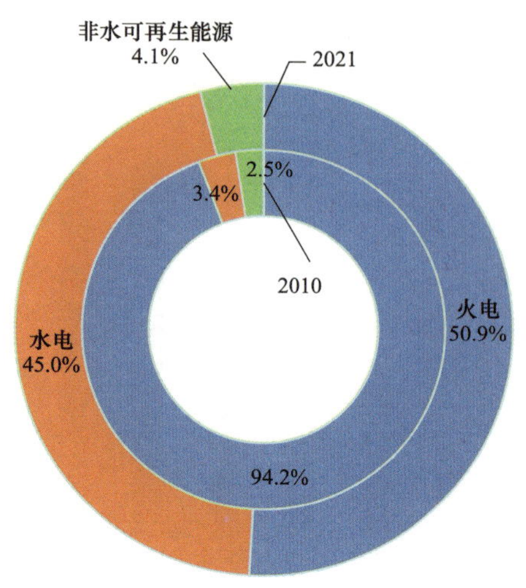

图3-20　2010年和2021年柬埔寨发电结构

数据来源：柬埔寨电力公司（EDC）

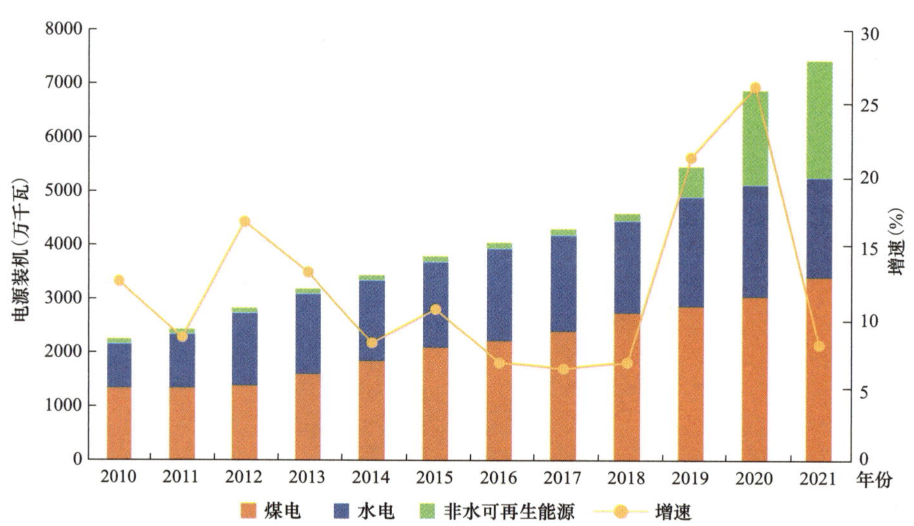

图3-21　2010—2021年越南电源装机及增速

数据来源：越南电力集团（EVN）

2010—2021年越南发电量及增速如图3-22所示。

电源结构由水电和火电为主体逐渐过渡到水电、火电和新能源共同支撑的结构。2010年越南电源装机和发电量约三分之二以上来自火电，其余为水电。随着2019—2021年越南大规模上马新能源发电项目后，非水可再生能源占比大幅提升。在装机结构方面，2021年火电装机比重为45.8%，水

电 24.9%，非水可再生能源由 2010 年的 0.8%提升至 29.3%；在发电结构方面，2021 年火电发电比重为 63.7%，水电 31.2%，非水可再生能源由 2010 年的 0.1%提升至 5.1%。2010 年和 2021 年越南装机结构对比如图 3-23 所示。

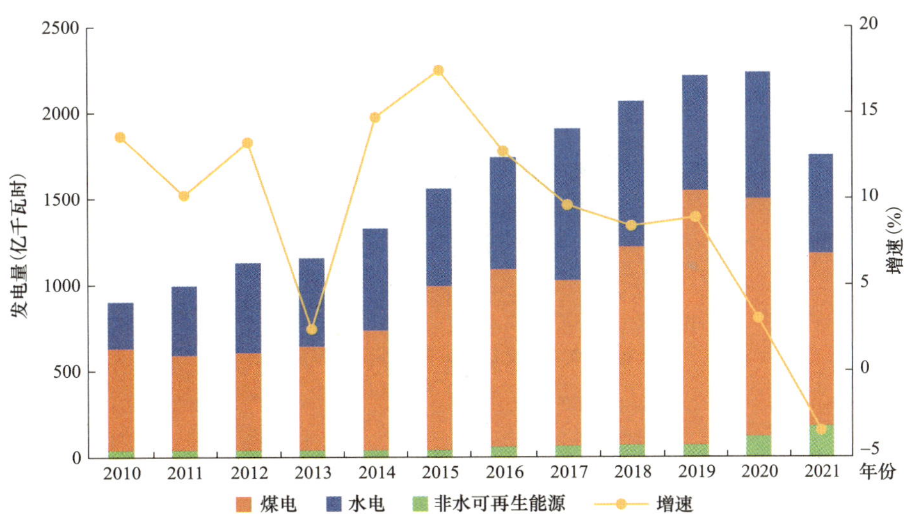

图 3-22　2010—2021 年越南发电量及增速

数据来源：越南电力集团（EVN）

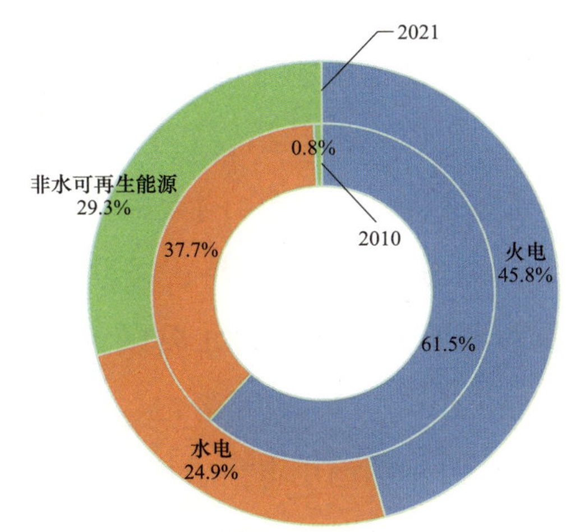

图 3-23　2010 年和 2021 年越南装机结构对比

数据来源：越南电力集团（EVN）

2010 年和 2021 年越南发电结构对比如图 3-24 所示。

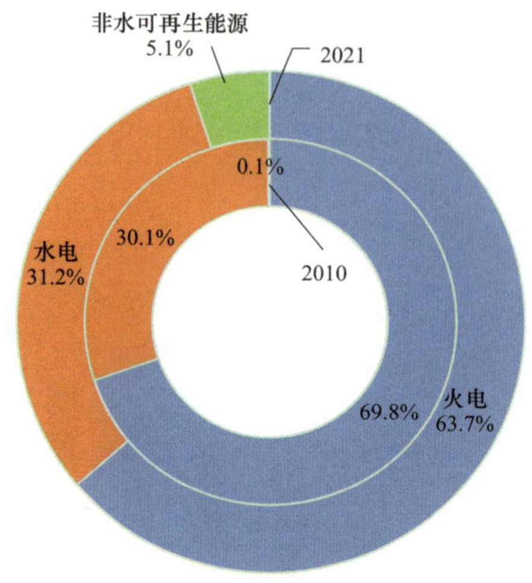

图 3 - 24　2010 年和 2021 年越南发电结构对比

数据来源：越南电力集团（EVN）

3.2　电力需求

3.2.1　澜湄五国电力需求

整体电力需求持续攀升，疫情影响下仍保持韧性增长。2021 年，澜湄五国总用电量 4588 亿 kWh，同比增长 2.4%，是 2010 年的 1.8 倍，2010—2021 年年均增长 5.4%。尽管新冠肺炎疫情影响大幅拖累经济发展，2020 年和 2021 年老挝、柬埔寨和越南电力需求均维持正增长。

泰国和越南用电量占澜湄五国总和的九成以上。2021 年越南和泰国用电量分别占五国比重的 49.8%、41.5%，老挝、缅甸和柬埔寨三国占比分别为 2%、4.1%、2.6%。由于越南用电需求增长迅猛，泰国用电需求趋于平稳，与 2010 年相比，越南用电量占比增加 17 个百分点，泰国减少 20.5 个百分点，老挝、缅甸、柬埔寨三国略有增加。2010—2021 年澜湄五国用电量及增速如图 3 - 25 所示。

整体最大负荷保持稳定增长。2021 年，澜湄五国最大负荷总量达 7986

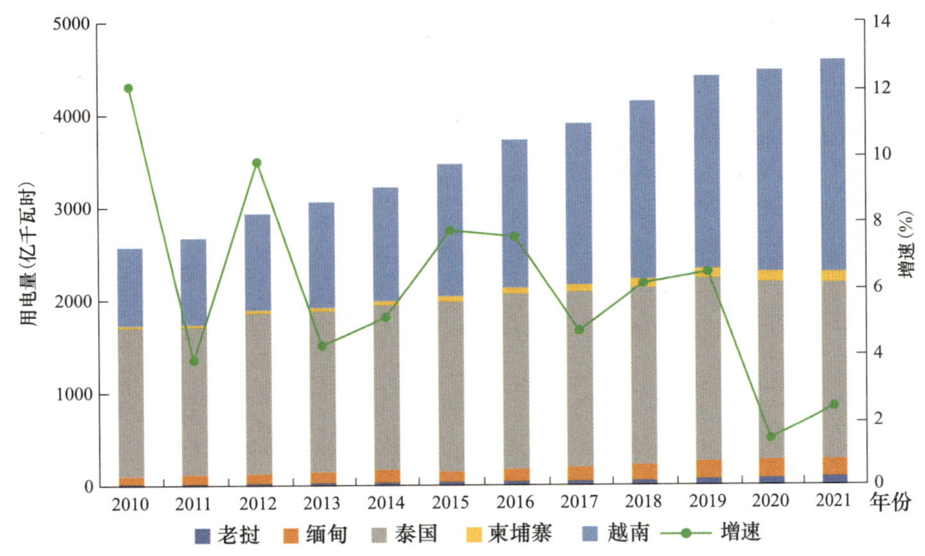

图 3-25 2010—2021 年澜湄五国用电量及增速

数据来源：老挝国家电力公司（EDL）、缅甸电力部（MOEP）、泰国国家电力局（EGAT）、柬埔寨电力公司（EDC）、越南电力集团（EVN）

万 kW（不考虑同时率，下同），同比增长 7.4%，是 2010 年的 1.9 倍，2010—2021 年年均增速 6.1%。受新冠肺炎疫情影响，澜湄五国 2020 年最大负荷同比减少 2%，2021 年最大负荷基本恢复到疫情前水平。

越南最大负荷占五国比重超过二分之一，且比重仍保持上升趋势。2021 年越南最大负荷占比为 54.1%，泰国占 38.4%，老挝、缅甸和柬埔寨三国合计占 7.6%。2010 年以来，越南最大负荷比重持续增加，与 2010 年相比，越南最大负荷比重增加 15.6 个百分点，泰国减少 17.4 个百分点，老挝、缅甸和柬埔寨略有增加。2010—2021 年澜湄五国最大负荷及增速如图 3-26 所示。

3.2.2 分国别电力需求

各国产业发展差异较大，用电主导产业不尽相同。

(1) 老挝。**用电量稳定增长，第二产业用电大幅增加**。2021 年，老挝用电量为 92.3 亿 kWh，同比增长 15.5%，是 2010 年的 3.8 倍，2010—

2021 年年均增长 13%；第一、二、三产业用电量占比分别为 0.6%、47% 和 20%，居民用电量占比为 32.4%。第三产业用电量和居民用电量占比下降较为明显，与 2010 年相比，分别减少 10.8 个百分点和 6.1 个百分点，第一产业减少 1.5 个百分点，第二产业增加 22.8 个百分点。2010—2021 年老挝全社会用电量及增速如图 3-27 所示。

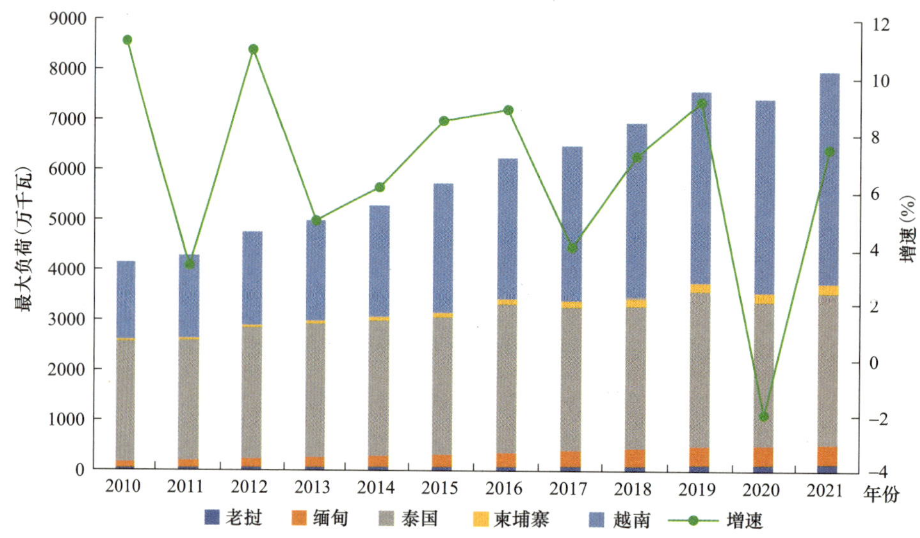

图 3-26　2010—2021 年澜湄五国最大负荷及增速

数据来源：老挝国家电力公司（EDL）、缅甸电力部（MOEP）、泰国国家电力局（EGAT）、柬埔寨电力公司（EDC）、越南电力集团（EVN）

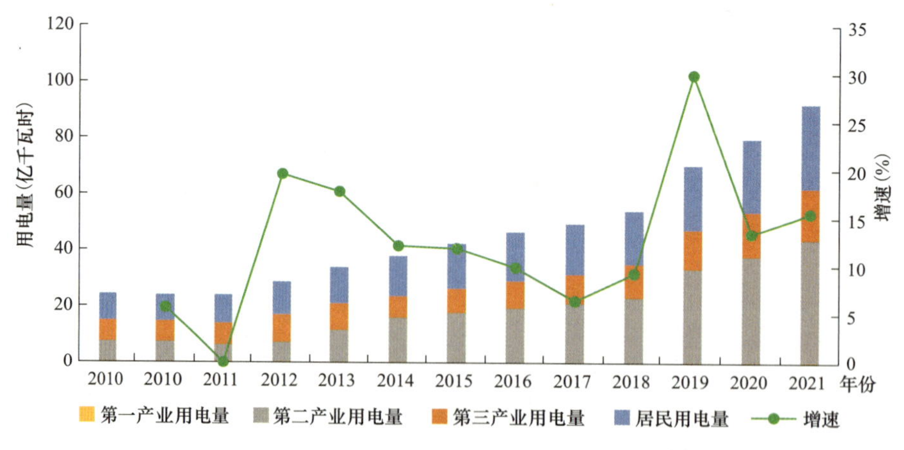

图 3-27　2010—2021 年老挝全社会用电量及增速

数据来源：老挝国家电力公司（EDL）

最大负荷保持较快增长。2021年，老挝最大负荷达150.5万kW，同比增长15.9%，是2010年的3.7倍，2010—2021年年均增长12.7%。2010—2018年，老挝最大负荷增速呈波动下降趋势，2019年以后增速有所增加、波动幅度亦明显增加。2010—2021年老挝最大负荷及增速如图3-28所示。

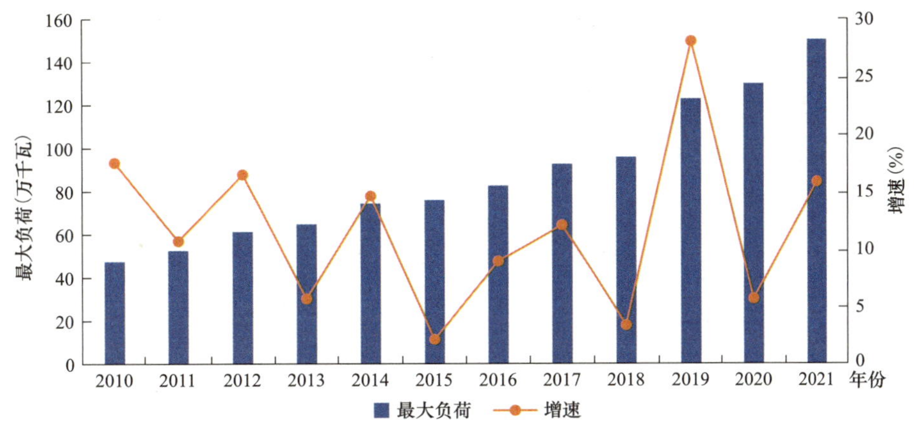

图3-28　2010—2021年老挝最大负荷及增速

数据来源：老挝国家电力公司（EDL）

(2) 缅甸。近五年用电需求增速持续走低，2021年为负增长，各产业用电结构变化不大。2021年缅甸用电量达189.5亿kWh，同比减少5%，是2010年的3.3倍，2010—2021年年均增长11.4%；第一、二、三产业用电量占比分别为1.2%、37.9%和19.4%，居民用电量占比为41.5%。与2010年相比，第一产业和第二产业用电量占比分别增加0.3、1.6个百分点；第三产业和居民用电量占比分别减少2.4、0.6个百分点。2010—2021年缅甸全社会用电量及增速如图3-29所示。

最大负荷增速持续下滑。2021年缅甸最大负荷达389.4万kW，同比增长0.8%，是2010年的3.2倍，2010—2021年年均增速11.1%。2010—2018年最大负荷增速保持在15%以上，但增速总体呈放缓趋势，2019年为5.9%，2020年和2021年在2%以下水平。2010—2021年缅甸最大负荷及增速如图3-30所示。

(3) 泰国。用电需求趋于平稳，2021年尚未恢复疫情前水平，第二产

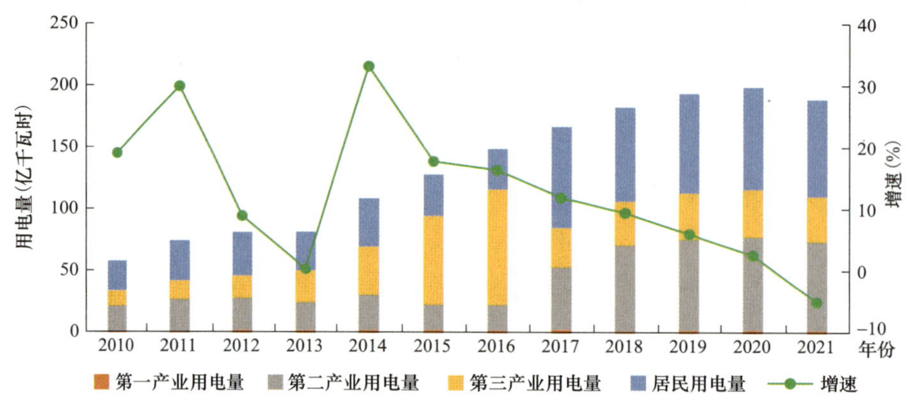

图 3-29　2010—2021年缅甸全社会用电量及增速

数据来源：缅甸电力部（MOEP）

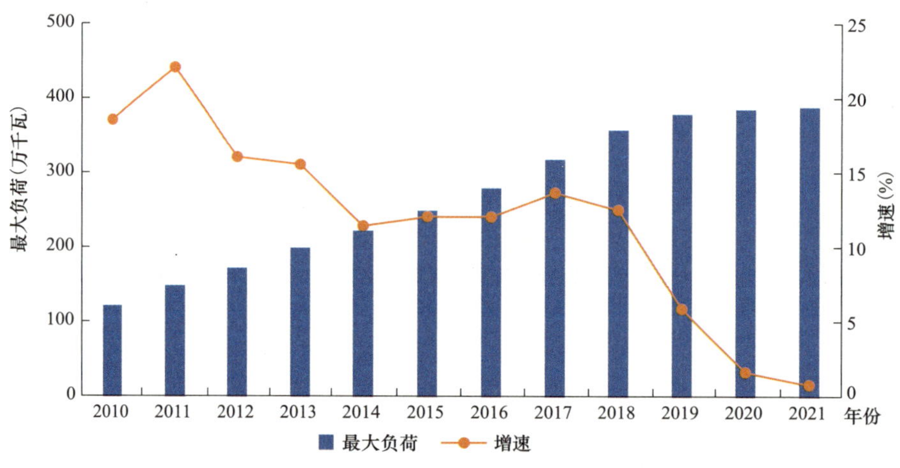

图 3-30　2010—2021年缅甸最大负荷及增速

数据来源：缅甸电力部（MOEP）

业用电量占比逐年增加。2021年泰国用电量达1904.7亿kWh，同比减少0.75%，较2010年增加18.9%，2010—2021年年均增长1.6%；第一、二、三产业用电量占比分别为0.2%、43.1%、28.9%，居民用电量占比为27.8%。与2010年相比，第二产业和居民用电量占比分别增加2.1个百分点和6.2个百分点，第一产业用电量占比几乎不变，第三产业用电量占比减少8.3个百分点。全球为应对新冠肺炎疫情发布严格旅行限制措施，泰国以旅游业和服务业为支柱产业，受此影响巨大，2020年和2021年用电需求仍

处低迷。2010—2021年泰国全社会用电量及增速如图3-31所示。

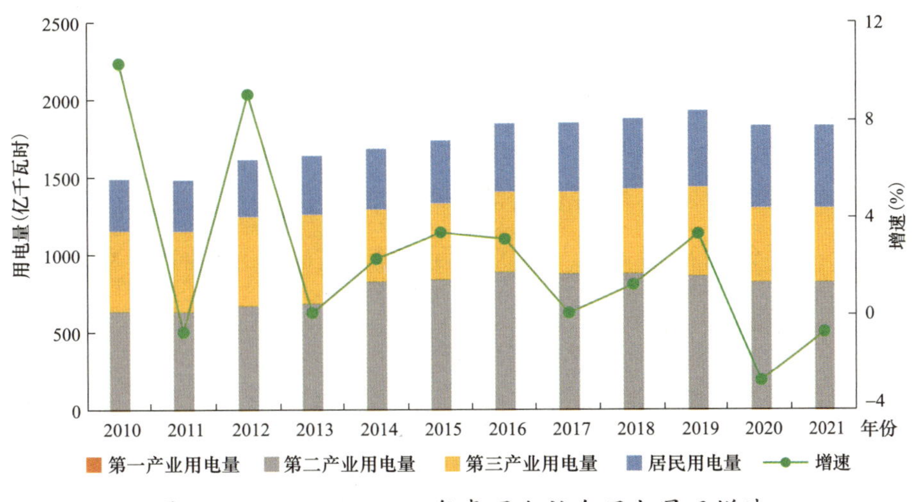

图3-31　2010—2021年泰国全社会用电量及增速

数据来源：泰国国家电力局（EGAT）

最大负荷总体保持平稳或低速增长。2021年泰国最大负荷达3013.5万kW，同比增长5.2%，较2010年增加25.5%，2010—2021年年均增速2.1%。泰国最大负荷近五年基本在3000万kW左右。因新冠肺炎疫情影响，2020年最大负荷同比减少7.2%，2021年同比增长5.2%，基本恢复至疫情前水平。2010—2021年泰国最大负荷及增速如图3-32所示。

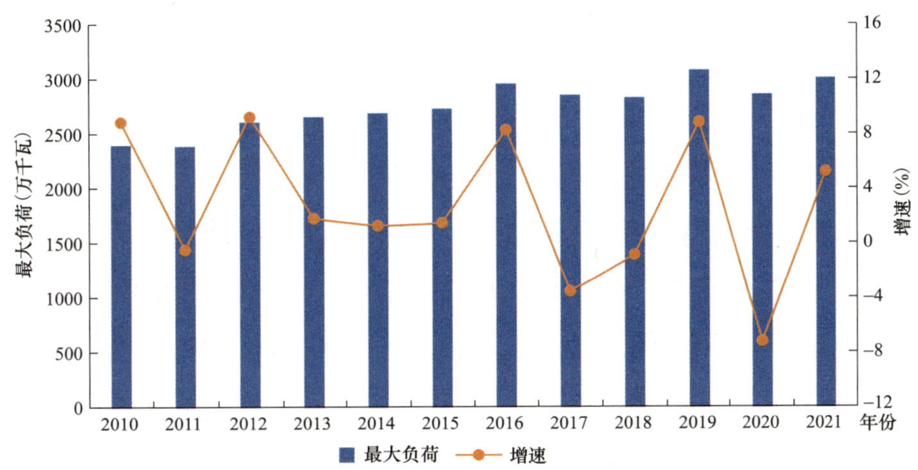

图3-32　2010—2021年泰国最大负荷及增速

数据来源：泰国国家电力局（EGAT）

(4) 柬埔寨。用电量保持高速增长，第二产业用电量占比逐年增加。2021年柬埔寨用电量达118.2亿kWh，同比增长4.6%，是2010年的4.7倍，2010—2021年年均增长率15.1%；第一、二、三产业用电量占比分别为13.5%、28.6%、29.1%，居民用电量占比为28.8%。与2010年相比，第一产业和第二产业用电量占比分别增加3.2、9.2个百分点，第三产业和居民用电量占比分别减少6.6、5.9个百分点。2010—2021年柬埔寨全社会用电量及增速如图3-33所示。

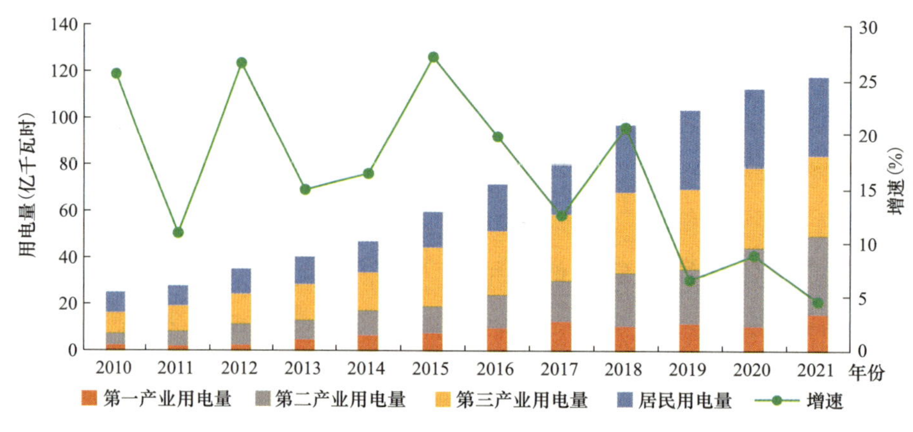

图3-33　2010—2021年柬埔寨全社会用电量及增速

数据来源：柬埔寨电力公司（EDC）

最大负荷保持高速增长。2021年柬埔寨最大负荷达196万kW，是2010年的4.8倍，2010—2021年年均增速15.3%，逐年增速波动较大。2010—2021年柬埔寨最大负荷及增速如图3-34所示。

(5) 越南。用电量保持稳定增长，2015年以来增速有所下滑，第三产业用电量占比逐年增加。2021年越南用电量达2283亿kWh，同比增长5.2%，是2010年的2.7倍，2010—2021年年均增速9.4%；第一、二、三产业用电量占比分别为2.7%、48.2%、18.8%，居民用电量占比为30.4%。与2010年相比，第一产业和第三产业用电量占比分别增加1.7、9.9个百分点，第二产业和居民用电量占比分别减少3.6、4.7个百分点。2010—2021年越南全社会用电量及增速如图3-35所示。

图 3-34 2010—2021 年柬埔寨最大负荷及增速

数据来源：柬埔寨电力公司（EDC）

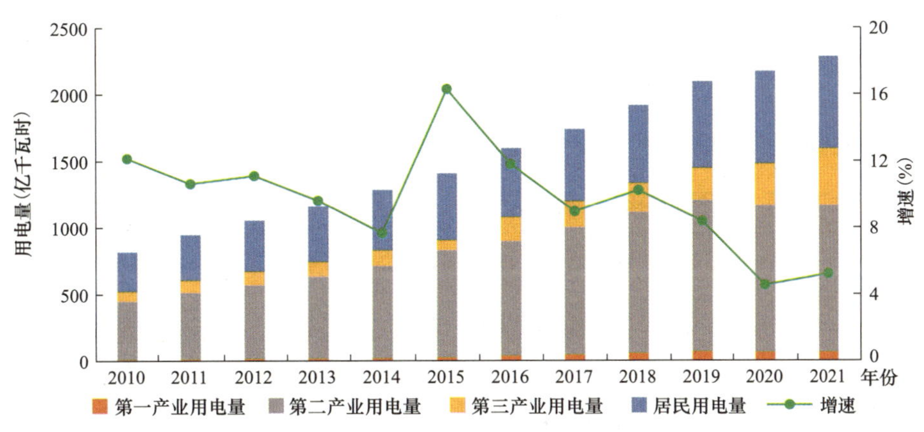

图 3-35 2010—2021 年越南全社会用电量及增速

数据来源：越南电力集团（EVN）

最大负荷长期保持较快增长。2021 年越南最大负荷达 4236.5 万 kW，同比增长 9.5%，是 2010 年的 2.7 倍，2010—2021 年年均增速 9.6%。尽管在新冠肺炎疫情影响下，2020 年最大负荷增速仅为 1.2%，为 2010 年以来最低增速，但 2021 年在越南政府经济复苏政策的支持下，最大负荷增速迅速恢复至近 10%。2010—2021 年越南最大负荷及增速如图 3-36 所示。

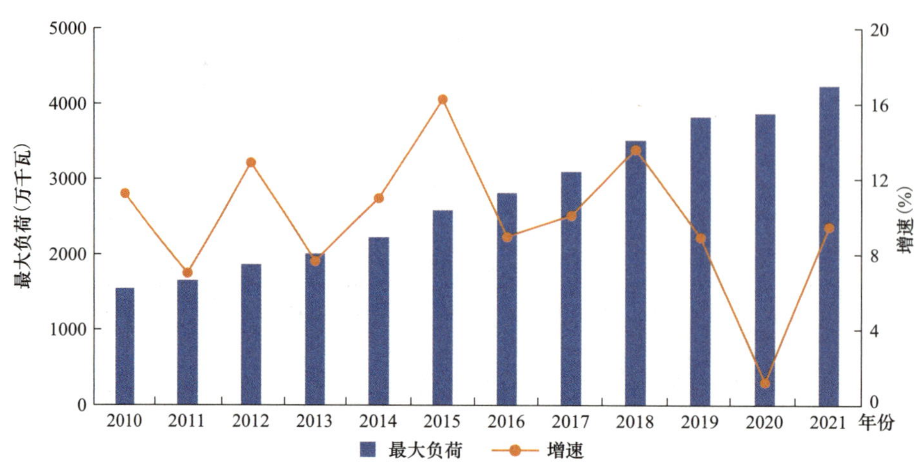

图 3-36　2010—2021 年越南最大负荷及增速

数据来源：越南电力集团（EVN）

3.3　电网发展

澜湄五国电网均按一定的分区运行，除缅甸外，其余各国内部分区电网间基本实现物理连接。截至 2021 年底，越南、泰国、柬埔寨已有 500kV 电网，越南和泰国 500kV 网架较为成熟，建设长度均已超过 6000km，柬埔寨 500kV 电网建设处于起步阶段。老挝、缅甸、柬埔寨国家内部主网以 230kV 为主（老挝 500kV 线路均为电源点对网送泰国线路）。

（1）老挝。老挝输电网分为首都区、北部、中部和南部四个供电区，主网电压等级分为 230kV 和 115kV。受南北狭长的地理特点及山地河流、电网建设滞后等多因素影响，老挝 230kV 输电网以链式为主，而各区域内电网以 115kV 为主，多为单链式或大单环网结构，少数农村和偏远山区仍无电力供应。截至 2021 年底，老挝 230kV 变电站共 10 座，其中南部地区尚无 230kV 变电站。自 2010 年以来，电网线损率一直在 10% 以上。

（2）缅甸。缅甸输电网由国家电网（主网）和偏远地区的孤立电网组

成，尚未形成统一的全国电网，主网电压等级包括230kV和132kV。缅甸主网通过230kV北电南送输电通道实施送电，2010年以来，输电、配电环节网络的总体损耗率达13%～20%。2021年底，缅甸230kV变电站共46座。2021年缅甸全国电力覆盖率（按户统计）不足50%。

(3) 泰国。泰国输电网分为北部、中部、南部、东部和东北部五个供电区，主网电压等级包括交流500、230、132、115kV以及直流±300kV。2021年底，泰国500kV变电站22座，230kV变电站82座，形成以中部曼谷为核心，向北部、东北部、南部、东部电网延伸的网络格局，其中东北部、南部、东部电网均基本自成双回路环网结构。

(4) 柬埔寨。柬埔寨输电网分为北部、东北部、南部和西部四个供电区，主网电压等级包括500、230kV和115kV。截至2021年底，柬埔寨500kV变电站2座、230kV变电站25座；500kV电网建设处于起步阶段，截至2021年底仅1回500kV双回输电线建成投产，全国主干网仍以230kV为主。全国通电率为99.1%，电网覆盖率为86.4%。

(5) 越南。越南输电网分为北部、中部和南部三个供电区，主网电压等级包括500、220kV和110kV。越南输电网呈南北狭长形走向，各大分区以500kV骨干网互联。截至2021年底，越南500kV变电站37座，220kV变电站193座，形成以首都河内、胡志明市为两个中心的红河三角洲和湄公河三角洲电网，500kV主网架结构总体呈“哑铃状”格局。

2021年底澜湄五国主网架构现状如表3-1所示。

表3-1　　2021年底澜湄五国主网架构现状

国别	电网分区	分区互联情况	输电网电压等级（kV）
老挝	首都区、北部、中部和南部	已实现全国联网，但运行上分片区运行，大部分并入泰国电网。北部、南部局部电网并入中国、柬埔寨电网	500/230/115
缅甸	国家互联电网（主网）、偏远地区孤立电网	主网覆盖中部多数省份，沿边、沿海省份大部由孤立电网供电	230/132，230/115

续表

国别	电网分区	分区互联情况	输电网电压等级（kV）
泰国	北部、中部、南部、东部和东北部	各分区以联络线互联	500/300（直流）/230/132/115
柬埔寨	北部、东北部、南部和西部	各区域电网以 230kV 骨干网互联	230/115
越南	北部、中部和南部	各分区以 500kV 骨干网互联	500/220/110

数据来源：各国电力统计年鉴

2021 年底澜湄五国 110kV 及以上变电站及线路建设情况如表 3 - 2 所示。

表 3 - 2　2021 年底澜湄五国 110kV 及以上变电站及线路建设情况

国别	电压等级（kV）	座数（座）	变电容量（万 kVA）	线路长度（km）
老挝	230	10	261	1778
	115	59	285.4	6860
缅甸	230	46	586.5	4595
	132	36	219.4	2204
泰国	500	22	3995	6912
	300 直流	—	38.8	23
	230	82	6400	15 697
	132	125	1499.8	13 793
	115	126	14833	14 423
柬埔寨	500	2	—	179
	230	25	261.1	2064
	115	24	139.5	1200
越南	500	37	3510	8285
	220	193	5867.5	18 076
	110	—	6572.5	21 559

数据来源：泰国国家电力局（EGAT）、柬埔寨电力公司（EDC）、越南电力集团（EVN）、第 29 届区域电力贸易协调委员会（RPTCC - 29），柬埔寨 115～230kV 变电站及变电容量为 2020 年数据，"—"表示暂无来源

3.4 电力市场

(1) 老挝。目前，老挝国内属于发、输、配、售垂直一体化的体制，均由老挝国家电力公司（EDL）负责，尚未开始电力市场建设。

老挝与邻国的电力交易有两种方式：一种是“点对网”模式，该模式下老挝本地电源不连入老挝本国电网，由电源商架设专网直接接入到邻国电网，且送电到邻国；另一种则是“网对网”模式，该模式下老挝国内电网与邻国电网互联，实现电力互济（包括丰枯互济、余缺互济等形式）。这两种模式下的交易价格一般由政府间或电力企业协商确定。

(2) 缅甸。目前，缅甸国内的发、输、配、售分属于电力部下属的不同主体，但均为国有企业，国家主干电网属于缅甸电力部（MOEP）、部分配售主体属于地方电力公司，尚未开始电力市场建设。

(3) 越南。2011年，越南电力市场进入第一阶段，发电侧竞争市场进入模拟运行阶段，发电侧竞争市场于2012年进入正式运行。2016年起，越南电力市场开启了第二阶段，即越南电力批发市场（VWEM）的模拟试运行工作。2019年，VWEM进入正式运营阶段。

电力市场中的主体可分为三类：市场卖方、市场买方以及市场服务提供方：

A. 市场卖方：VWEM的市场卖方即发电侧，包括越南电力集团（EVN）所属的三家发电企业GENCO 1、GENCO 2、GENCO 3，越南煤炭矿业集团所属电厂，越南油气集团PV Power所属电厂，以及其他独立发电厂等。相关政策要求装机容量超过3万kW的电厂必须直接参与电力市场，容量低于3万kW或者不具备信息化条件的电厂可不参与市场交易，具备特许经营权的BOT、多用途战略水电站或新能源电站可直接或通过其他卖方参与交易；除此之外，进口电力不直接参与市场交易。无法进行直接交易的发电厂，可以通过电力交易公司进行代理交易。

B. 市场买方：VWEM 中的买方，包括直接接入 220kV 电网的大用户，EVN 电力交易公司以及其他经越南工业和贸易部批准的买方。

C. 市场服务提供方：市场服务提供方包括系统及市场运营商，即 EVN 下属的国家负荷调度中心；输电系统运营商，即 EVN 下属的越南国家输电公司；配电系统运营商，即 EVN 下属的各个配网公司及其他独立配网公司；计量数据管理服务商，即 EVN 下属的国家负荷调度中心。

市场模式方面，在这一阶段的市场设计中，基本的市场机制设计如表 3 - 3 所示。

表 3 - 3　　越南电力市场机制设计

模式	内容
市场模式	全电量集中竞争的现货市场
结算模式	事后结算
报价模式	基于成本的五段式报价
价格模式	系统边际电价
交易/调度计划形成间隔	60 分钟（交易间隔）；30 分钟（调度间隔）
辅助服务模式	频率控制、热备用与现货市场联合优化出清， 其他类型辅助服务通过合同方式提供

越南计划 2021—2023 年建设和初步试验电力零售市场，并于 2023 年后全面启动。

（4）泰国。泰国已形成泰国电力交易库，泰国国家电力局（EGAT）不仅拥有大量的发电资产，还是泰国电力市场的单一买方，参与和独立发电商（IPP）、小型发电商（SPP）以及邻国的大宗电力交易，然后再将电力出售给泰国首都电力局（MEA）和泰国地方电力局（PEA）以及其他经法律授权许可的直接购电客户（例如泰国暹罗水泥集团、HMC 聚合公司等），EGAT 也从事向邻国出口电力的业务。

（5）柬埔寨。目前，柬埔寨的发、输、配、售电领域均放开私有化，但尚未有非国有企业进入输、配、售电领域，并未形成体系化的电力市场。

3.5 电力互联互通

3.5.1 互联互通线路

截至2022年6月，澜湄国家之间110kV及以上联网线路49回（不含泰国至马来西亚±300kV直流联网），其中500kV线路9回，均为电源"点对网"跨境线路，其中8回为老挝电源送泰国线路、1回为缅甸电源送中国线路；230/220kV线路19回，12回为电源"点对网"跨境线路；132/115/110kV线路21回，均为网对网线路。230/220kV及以上联网线路以点对网为主，各国邻边地区以110kV及以下线路联网为主，现有互联模式和规模尚不能较好发挥各国电力系统调节优势、电力互济能力。澜湄国家之间110kV及以上电力联网现状如表3-4所示。

表3-4　　澜湄国家之间110kV及以上电力联网现状　　单位：回

联网国家	500kV	230/220kV	132/115/110kV	合计	点对网
老泰	8	6	10	24	14
老越	—	4	—	4	4
老柬	—	2	2	4	2
老缅	—	—	—	—	—
柬越	—	2	—	2	—
柬泰	—	—	1	1	—
中老	—	—	1	1	—
中缅	1	2	3	6	3
中越	—	3	4	7	—
合计	9	19	21	49	23

数据来源：根据第29届区域电力贸易协调委员会（RPTCC-29）整理。

3.5.2 电力贸易

澜湄区域电力贸易与互联互通模式强相关，近八成为老泰双边电力贸

易。2021 年澜湄国家电力贸易总量为 414 亿 kWh。老挝是澜湄国家的电力出口大国，其出口电量占区域比重的 88.1%。泰国是区域的电力进口大国，其进口电量占区域比重的 79.9%。老泰电力贸易在区域电力贸易中占主导地位，其贸易电量占区域比重的 79.9%。中国进出口电量占区域比重的 5%，其中，电力进口占 3.6%，电力出口占 1.4%。中国与澜湄五国 2021 年电力贸易数据如表 3-5 所示。

表 3-5　　中国与澜湄五国 2021 年电力贸易数据　　单位：亿 kWh

进出口方		出口方						
		中国	老挝	缅甸	泰国	柬埔寨	越南	合计
进口方	中国	—	—	15	—	—	—	15
	老挝	—	—	—	12	—	—	12
	缅甸	6	—	—	2	—	—	8
	泰国	—	331	—	—	—	—	331
	柬埔寨	—	19	—	3	—	11	33
	越南	—	15	—	—	—	—	15
合计		6	365	15	17	0	11	414

数据来源：中国南方电网公司、老挝国家电力公司（EDL）、泰国海关、柬埔寨电力公司（EDC）、越南电力集团（EVN）

3.6　主要电力指标

3.6.1　人均用电量

澜湄五国人均用电量保持稳定增长，但仍处于较低水平。2021 年澜湄五国人均用电量为 1875kWh/人，同比增长 2.7%，是 2010 年的 1.6 倍。2021 年水平仅约世界平均水平（3615kWh/人）的一半。

澜湄五国人均用电量差异较大。泰国和越南近年人均用电量均高于澜湄五国平均水平。2021 年泰国和越南人均用电量分别为 2723、2326kWh/人。2010—2021 年，泰国人均用电量增长缓慢，越南增长势头强劲，未来越南

有赶超泰国之势。老挝、缅甸、柬埔寨 2021 年人均用电量分别为 1251、346、697kWh/人。2010—2021 年澜湄五国人均用电量如图 3-37 所示。

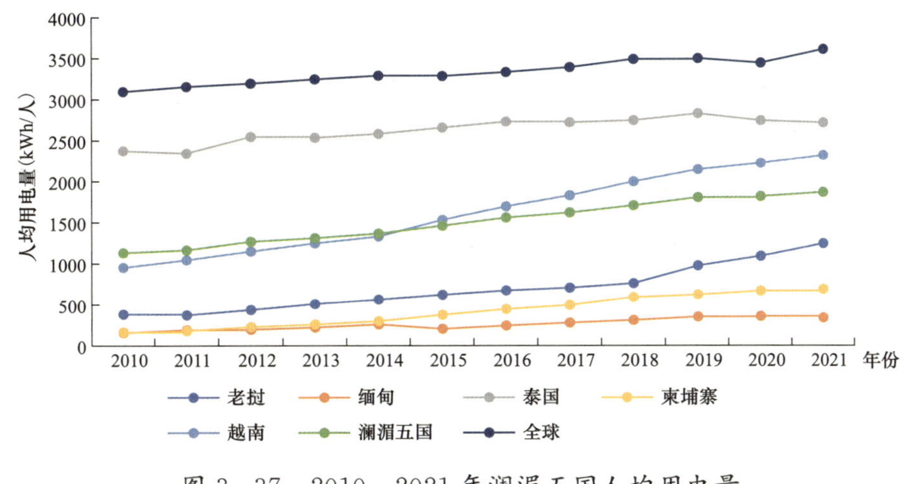

图 3-37　2010—2021 年澜湄五国人均用电量

数据来源：老挝国家电力公司（EDL）、缅甸电力部（MOEP）、泰国国家电力局（EGAT）、柬埔寨电力公司（EDC）、越南电力集团（EVN）、世界银行

3.6.2　单位国内生产总值用电量

澜湄五国单位国内生产总值（GDP）用电量持续增长，电耗水平整体偏高。2021 年澜湄五国单位 GDP 用电量为 5668kWh/万美元，同比增长 3.6%，较 2010 年增长 23%。2021 年电耗水平为世界平均水平（3285kWh/万美元）的 1.7 倍。

除泰国外，其他四国单位 GDP 用电量持续增长。越南单位 GDP 用电量是澜湄五国中最高的，2021 年达 8608kWh/万美元，是 2010 年的 1.4 倍；其次是柬埔寨，近年单位 GDP 用电量持续攀升，2021 年达 4985kWh/万美元，是 2010 年的 2.5 倍；泰国单位 GDP 用电量缓慢下降，2021 年达 4337kWh/万美元，较 2010 年减少 6%；老挝和缅甸 2021 年单位 GDP 用电量分别为 4859、2677kWh/万美元，分别为 2010 年的 2 倍、1.8 倍。对比澜湄国家 2021 年单位 GDP 用电量，越南远高于中国（约 4690kWh/万美元），柬埔寨、老挝单位 GDP 用电量略高于中国，泰国和缅甸单位 GDP 用电量低于中国。2010—2021 年澜湄五国单位 GDP 用电量如图 3-38 所示。

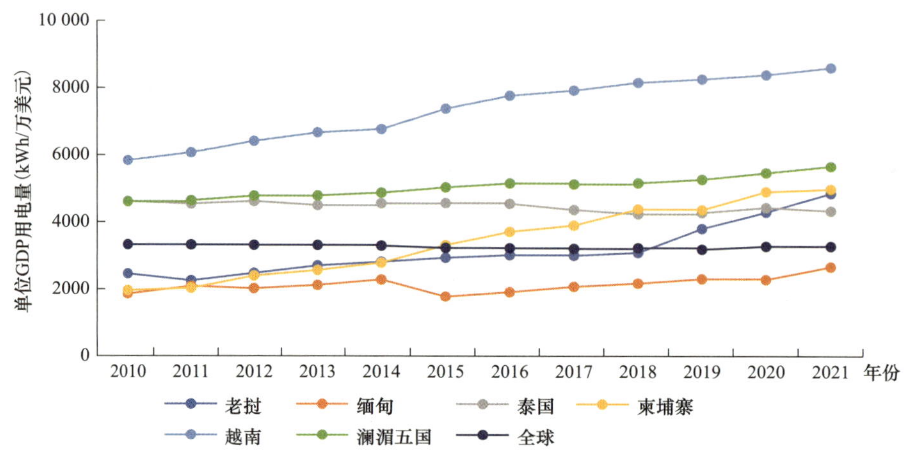

图 3-38　2010—2021 年澜湄五国单位 GDP 用电量

数据来源：老挝国家电力公司（EDL）、缅甸电力部（MOEP）、泰国国家电力局（EGAT）、柬埔寨电力公司（EDC）、越南电力集团（EVN）、世界银行

3.6.3　电力消费弹性系数

2010—2019 年，澜湄五国电力消费弹性系数保持在 1.2～1.7 之间，近两年受外部冲击，电力消费弹性系数发生突变。受新冠肺炎冲击，2020 年澜湄五国经济收缩，但用电量维持小幅增长，电力消费弹性系数为-0.7。2021 年，区域经济增长较为缓慢，但用电需求仍保持快速增长，电力消费弹性系数陡增至 40。

分国别看，老挝 2020 年因新冠肺炎疫情导致经济增速大幅放缓，电力消费弹性系数突增至 26.7，随着 2021 年经济增速逐步恢复，电力消费弹性系数回落至疫情前水平。缅甸自 2020 年政治局势恶化起，经济增速大幅放缓，2021 年电力消费弹性系数为 0.2。泰国 2021 年经济实现正增长，但用电需求仍持续减少，电力消费弹性系数为-0.5。柬埔寨 2020 年经济收缩，用电需求与经济呈逆向发展，电力消费弹性系数为-2.9，2021 年经济发展向好，电力消费弹性系数恢复至 1.5 的正常水平。越南 2020 年和 2021 年经

济和用电需求呈现出较好的韧性，2020年电力消费弹性系数为1.5，尽管承接了世界其他国家转移的产业，受在国际市场需求疲软影响，部分国家贸易订单堆积，2021年电力消费弹性系数上升至2。2010—2021年澜湄五国电力需求弹性系数如图3-39所示。

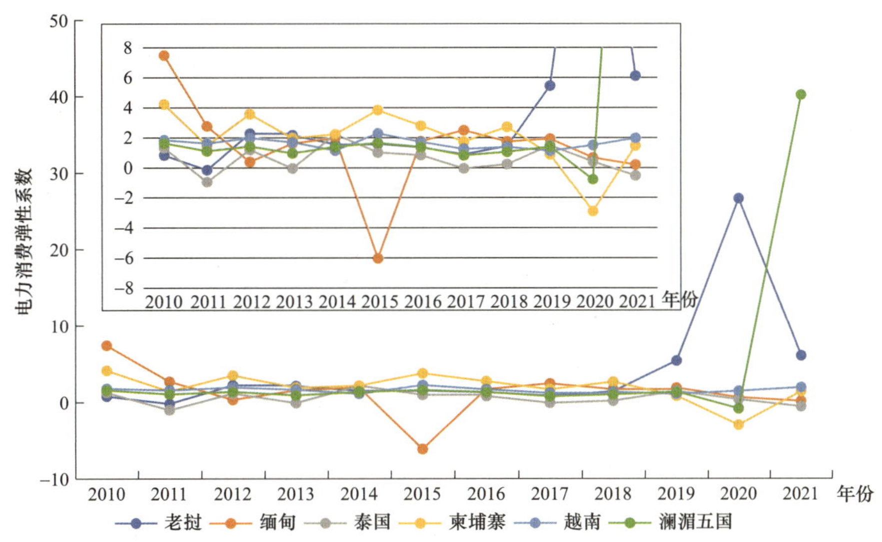

图3-39　2010—2021年澜湄五国电力需求弹性系数

数据来源：老挝国家电力公司（EDL）、缅甸电力部（MOEP）、泰国国家电力局（EGAT）、柬埔寨电力公司（EDC）、越南电力集团（EVN）、世界银行

3.6.4　电力行业碳排放量

澜湄五国电力行业二氧化碳排放基本来自煤电和气电排放，总量呈快速增长趋势。澜湄五国2021年电力行业二氧化碳排放约2.28亿t，同比减少1.9%，是2010年的2.1倍，约占能源活动碳排放量的37%。澜湄五国电力行业碳排放量的98%以上来自燃煤和燃气发电。2010—2021年澜湄五国电力行业碳排放量如图3-40所示。

电力行业排放情况与电源结构和发电规模强相关，越南电力行业排放最大。2021年，越南电力行业二氧化碳排放总量约1.27亿t，92%来自煤电，8%来自气电。泰国电力行业二氧化碳排放总量0.79亿t，气电和煤电排放基本各占一半。老挝电力行业二氧化碳排放总量达 0.1 亿 t，全部来自煤电。缅甸和柬埔寨电力行业二氧化碳排放总量均少于 0.1 亿 t，其中缅甸近三分之二来自气电，柬埔寨超过 90%来自煤电。2021 年澜湄五国电力行业碳排放情况如图 3 - 41 所示。

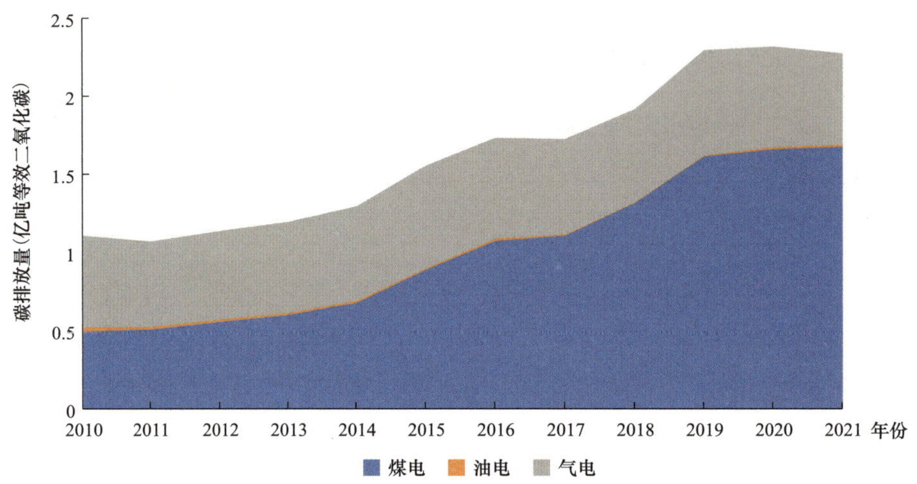

图 3 - 40　2010—2021 年澜湄五国电力行业碳排放量

数据来源：根据发电量测算

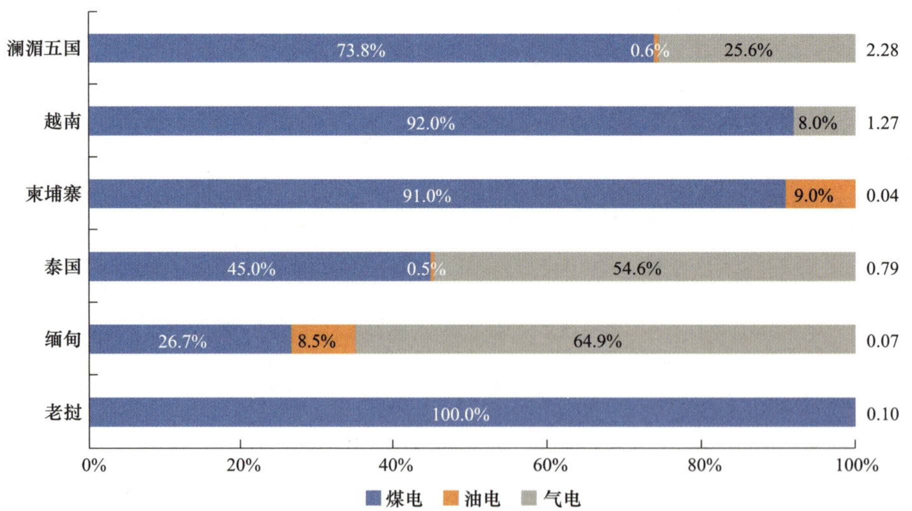

图 3 - 41　2021 年澜湄五国电力行业碳排放情况（单位：亿 t 等效二氧化碳）

数据来源：根据发电量测算

3.7 电力发展规划

澜湄五国近期均启动或发布最新规划，均提出了中长期电力发展目标，中长期目标均体现了推进清洁能源发展。

(1) 老挝。2021 年 12 月发布《2021—2030 年电力发展规划》，提出将确保老挝电力系统的可靠性和安全性放在首位，逐步实现水电、煤电、太阳能、风电等发电方式的电力供应多样化结构，扩大输配电系统，使其符合国内和出口的发电计划和电力需求。

目标到 2030 年，水电占发电比重的 77.6%，煤电 18.9%，新能源 3.5%；计划新建和扩建的 500kV 变电站 5 座，230kV 变电站 9 座，115kV 变电站 17 座；与中国、缅甸、泰国、柬埔寨、越南电力互联规模分别达到 89、30、543、573、1076 万 kW。

(2) 缅甸。2014 年发布《国家电力总体规划》，提出要重点发展煤电，同时强调要加强能源领域国际合作，特别是中缅间能源合作。大力推动煤电发展，使其成为仅次于水电的主力电源类型。

目标到 2030 年缅甸电源装机容量 2878 万 kW，其中天然气发电 499 万 kW（17.3%）。

(3) 泰国。2020 年修订的《2018—2037 年电力发展规划（第一次修订）》，重点强调了能源安全、经济性和环境三个方面。泰国未来将调整发电能源的结构，提高能源效率，增加其能源安全。泰国还计划扩大和升级输电系统，大力发展智能电网技术，以此加强其输电系统的稳定性和灵活性。到 2036 年，泰国国有公用事业公司预计投入 56 亿美元建设智能电网。

目标到 2037 年，煤电装机比重减少至 12%；新能源装机比重增至 35%，其中，太阳能成为新能源装机的主体；气电装机比重提高至 53%。

(4) 柬埔寨。2021 年发布《2021—2040 年电力发展规划》，提出计划最大限度利用开发本国的能源资源，包括加快大中型水电站建设；鼓励建设中小型柴油发电和小型水电建设；积极发展风能、太阳能、沼气等再生能源，减少对化石燃料的依赖。

目标到 2030 年，柬埔寨煤电发电比重 35%，水电 15%，太阳能 3%，进口电力 46%；到 2040 年，煤电发电比重 28%，气电 8%，水电 17%，太阳能 8%，生物质能 2%，进口电力 36%。

（5）越南。越南《2021—2035 年国家电力发展总体规划（展望至 2045 年）》（PDP 8）最新草案提出，计划持续推动可再生能源开发，继续扩大风电和太阳能的装机比重；通过以气代煤、减少新建燃煤电厂等措施降低化石燃料发电比重；加强电网基础设施建设，统筹各区域能源平衡，尽量减少或者不再新建跨区域输电线路；加快推动与周边国家电力实现互联互通，加强与中国、老挝和柬埔寨输配电网络的联系。

目标到 2030 年，越南电源装机规模达 21 960 万 kW，其中，煤电装机占比 24.0%，气电 24.8%，水电 20.4%，新能源 26.3%，进口电力 4.5%，2030 年后不再新增煤电。到 2030 年，与周边国家互联规模达 500 万 kW，到 2045 年达 1104.2 万 kW。

第 4 章

能源电力合作进展

4.1 机制与平台

澜湄国家主导的能源电力相关机制包括澜沧江一湄公河合作机制、大湄公河次区域（GMS）经济合作机制下的大湄公河次区域电力贸易协调委员会（RPTCC）。

4.1.1 澜沧江一湄公河合作机制

澜沧江一湄公河合作机制（简称“澜湄合作机制”），由国务院总理李克强在 2014 年 11 月举行的第十七次中国一东盟领导人会议上正式提出。2015 年，澜湄国家首次外长会议正式确立了澜湄合作机制。中方倡议发起“澜湄周”，2018 年开始正式开展“澜湄周”活动，加强各领域的合作与交流。

在澜湄合作机制下澜湄六国共同设立了澜湄水资源合作部长级会议和论坛，成立了澜湄水资源合作联合工作组承接相关工作，加强水资源信息共享与合作，中方在北京设立了澜湄水资源合作中心。

2021 年 12 月 7—8 日，中国水利部主办第二届澜湄水资源合作论坛（视频方式），主题为“携手应对挑战，促进共同繁荣”，围绕水资源综合管理与应对气候变化、农村地区水利与民生改善、水电可持续发展与能源安全、跨界河流合作与信息共享、澜湄水资源合作青年论坛等议题充分沟通交流，分享经验。此次论坛发布《第二届澜湄水资源合作论坛北京倡议》，中方将全力保障下游国家水资源供应，及时提供澜沧江水文信息，与澜湄五国共同实施“澜湄甘泉行动计划”“澜湄兴水惠民行动”“典型小流域综合治理示范”等务实合作项目，携手应对气候变化挑战，提升各国水资源管理能力。

2022 年 3 月 11 日，澜湄水资源合作联合工作组 2022 年特别会议以视频形式举行。澜湄六国工作组回顾了 2021 年澜湄水资源合作取得的积极成效，

共同就第二届澜湄水资源合作部长级会议、2023年度澜湄合作专项基金项目申报准备、澜湄水资源合作信息共享平台建设、澜沧江—湄公河流域水文条件变化及其适应策略联合研究、联合工作组年度例会安排等2022年重点工作安排深入交换了意见，达成了广泛共识。

2022年4月7日，云南省2022年“澜湄周”启动仪式暨澜湄合作与互联互通研讨会开幕式以线上线下相结合方式举行。中方20余个中央单位和10多个地方省市将举办青年交流、智库论坛、影视展播、乡村振兴等80多项丰富多彩的活动，与澜湄五国一道，共同庆祝澜湄合作启动六周年。

2022年4月22日，澜沧江—湄公河环境合作工作组会以视频形式举行。澜湄各国共同回顾了2021年澜沧江—湄公河环境合作进展，并就《澜沧江—湄公河环境合作战略与行动框架（2023—2027）》优先合作领域展开讨论，继续推动以成果为导向的务实环境合作，并就下一阶段围绕圆桌对话与能力建设、生态系统管理与生物多样性保护、气候变化适应与减缓、环境质量改善、知识共享与意识提升等五大优先方向开展合作达成初步共识。

4.1.2 大湄公河次区域电力贸易协调委员会

1992年，亚洲开发银行（ADB）发起大湄公河次区域合作机制，并作为机制协调人提供资金支持及技术援助，电力是其中的合作领域。在此机制下，2002年六国共同签署了《大湄公河次区域电力贸易政府间协议》；2004年成立区域电力贸易协调委员会（RPTCC），负责管理GMS区域电力贸易和推进电力合作，同年，南方电网公司作为中方的具体执行单位开始参与大湄公河次区域电力合作。

2022年7月5—6日，**第29届大湄公河次区域电力贸易协调委员会(RPTCC)** 在柬埔寨暹粒以线上线下相结合方式召开，老挝担任轮值主席国主持会议，GMS成员国能源监管部门及企业、美国驻柬埔寨大使馆、美国国际开发署、气候债券倡议组织以及美、韩等国家能源咨询机构出席本次会议。ADB在会上提出成立GMS能源转型工作组（ETTF），以接替RPTCC相关工作，在区域电力贸易可持续发展、互联互通、可再生能源发展、绿色金融等领域开展更广泛的能源电力合作，进一步支撑GMS成员国能源转型、能源公平和能源供应能力的发展。

4.1.3 澜湄国家电力企业高峰会

2014年南方电网公司倡导成立了澜湄国家电力企业高峰会机制，与老挝国家电力公司（EDL）、越南电力集团（EVN）、泰国国家电力局（EGAT）、缅甸能源与电力部（MOEE，现为缅甸电力部MOEP）、柬埔寨电力公司（EDC）定期开展交流，寻求各广阔领域的电力合作机会。2019年，推动成立了澜湄国家电力调度技术工作组，围绕澜湄电力互联互通调度运行基本条件等内容开展联合研究，有效调动了澜湄国家电力企业的自动性。

2022年6月16日，以“绿色低碳发展 一起向未来”为主题的**第七届澜湄国家电力企业高峰会**以视频形式举行。会议由中国南方电网公司主办，MOEP、EVN、EDL、EDC、EGAT的代表参会。与会代表围绕主题进行了广泛深入交流和研讨，就成立“澜湄区域电力标准促进会”倡议、持续推进澜湄联合调度运行工作组工作、下一届峰会举办方等方面达成共识。

会上，南方电网公司表示将充分发挥技术优势带动区域经济发展，继续与各国电力同行开展技术交流、人员培训和留学生培养工作；共同推动区域电力资源优化配置，实现资源互补、丰枯调剂，探讨开展更高电压等级的电网互联，打造共同电力市场。南方电网澜湄国家能源电力合作研究中心表示，绿色低碳发展是澜湄区域面临的共同挑战，也是澜湄电力合作的重要机遇，加强区域能源电力绿色合作，加强互联互通和电力贸易将是澜湄电力合作的最优选择。缅甸、老挝、越南、泰国、柬埔寨国家与会代表表示，随着区域电网互联互通的深入，电力发展需要有更加务实、超前的沟通，期待与其他澜湄国家在技术层面展开更加深入的交流合作。

4.1.4 澜湄区域电力合作中资企业沟通合作峰会

为进一步优化中资企业在澜湄区域的合作机制，探讨发挥各自优势进而加强产业链合作，共同推进电力合作项目落地实施。南方电网公司 2019 年倡议并建立了澜湄区域中资企业沟通合作峰会机制，国家电网公司、中国电力建设集团、中国能源建设股份有限公司、中国广核集团等 16 家中资企业签署了《澜湄区域电力合作共同倡议》。

2021 年 12 月 28 日，以“凝聚合作意识，共谋发展大局”为主题的**第三届澜湄区域电力合作中资企业沟通合作峰会**在海南省海口市举行。会议由中国南方电网有限责任公司主办。中资电力企业、银行金融机构以及研究机构的 23 家代表参会。

南方电网公司在会上强调，要坚定不移地推动共建“一带一路”电力合作，推动澜湄电力合作高质量发展，结合区域供需形势变化，注重项目开发时序和市场消纳的有效衔接；积极服务国家双碳目标，促进与澜湄区域构建良性“双循环”的新发展格局；帮助澜湄国家解决实际问题，提升澜湄国家人民的获得感和幸福感，为各国带去实在利益。加强中资企业沟通协调，扩大中资企业在澜湄电力合作研究、媒体传播等领域的交流合作，建立工作层面的定期沟通机制，实现信息共享、优势互补。

4.2 合作重大事件

2021 年以来，澜湄区域各国能源电力合作领域合作丰硕。在清洁能源方面，重点加强风电、太阳能发电、生物质发电等领域的跨国合作，推动了一批 EPC 项目顺利落地。在电网方面，中、老两国开拓性地完成了老挝国家输电网公司（EDL - T）的组建工作，老泰、老新、中缅等双边电力贸易合作得到进一步巩固增强，跨境电力互联互通持续走深走实。在新技术合作方面，澜湄国家积极探索智能电动汽车、氢能产业等领域的合作，为实现区域能源转型与碳中和目标齐心协力、同频共振。

4.2.1 多领域合作

2021年11月25日，泰国内阁批准泰国加入中国国家能源局战略下的“一带一路”能源合作伙伴关系（BREP）。泰国能源部和中国国家能源局将在双边框架内各能源领域展开合作，落实并深化2020年中泰能源工作组第二次会议商议的会议结果，包括：石油领域，泰国通过液化天然气（LNG）供气船等四个项目与中国开展合作，联合投资液化天然气和发电厂的基础设施；电力领域，召开新能源与智能电网合作大会，共同签署购电协议；可再生能源领域，进行知识交流、技术开发、促进节能设备的投资；核能领域，通过中泰和平利用核能合作联委会会议，共同交流核技术发展的政策信息和意见。

4.2.2 电网及电力贸易合作

1. 合作框架

2021年3月11日，**中国南方电网公司与老挝国家电力公司（EDL）共同出资组建的EDL-T与老挝政府**签署特许经营权协议，标志着中老两国在输电领域开展互利共赢合作迈出了实质性步伐。根据协议，在老挝政府监管下，EDL-T将作为老挝国家电网运营商，负责投资、建设、运营老挝230kV及以上电网和与周边国家跨境联网项目。将为老挝经济社会发展和人民生活水平提升提供安全、稳定和可持续的输电服务，促进老挝水电消纳，助力老挝水能资源优势转化为经济优势和打造“东南亚电力蓄电池”。

2021年7月12日，**越南电力集团和亚洲冲击能源开发公司（IEAD）**签署为期25年的600兆瓦季风风电项目购电协议（PPA）。这个风电项目将成为东南亚最大的风电场和第一个跨境风能项目。它将位于**老挝**南部的色贡省和阿速坡省，通过一条500kV的输电线路向越南中部输出绿色能源。预计2022年开工建设，2025年投入商业运营。

2022 年 3 月 4 日，**老挝和泰国政府签署《关于扩大老泰电力贸易合作谅解备忘录》**，泰国从老挝的购电规模将由 900 万 kW 扩大至 1050 万 kW。此前，泰国已同意从 Nam Ngum 3、Sekong 4A、Sekong 4B 等六座老挝水电独立发电商（IPP）购电。

2022 年 3 月 9 日，**中国南方电网公司与老挝国家电力公司（EDL）**签署 115kV 中老联网项目购售电协议，标志中老实现双向电力贸易。6 月作为老挝水电丰水期，开始实现向中国售电。

2022 年 6 月 17 日，**EDL 与新加坡吉宝基础设施控股公司依托老挝—泰国—马来西亚—新加坡电力一体化项目（LTMS - PIP）项目正式签署老挝—新加坡购售电协议**，老挝将通过泰国、马来西亚，在旱季和雨季分别向新加坡输送 3 万 kW 和 10 万 kW 的电力。

2022 年 7 月 2 日，**中国南方电网公司与 MOEP 在缅甸蒲甘正式签署中缅电力联网供电框架协议**。中方工作组（由南方电网有限公司和国家电网有限公司组成）和缅甸电力能源部已签署并于 2020 年 1 月 18 日在国家领导人的见证下交换了《关于开展中缅联网项目可行性研究备忘录》。根据该备忘录，中缅联网项目分两阶段实施，当前签订的联网供电协议属于第一阶段，标志着中缅电力联网又迈出实质化一步，进一步推进中缅之间清洁电力互济和资源互补。

2. 合作项目

2021 年 9 月 26 日，**中老铁路老挝段外部供电项目（2019 年中国南方电网公司与 EDL 签署协议）**完成全线投运。项目对保障中老铁路如期通车运营，推进两国基础设施互联互通建设具有重要意义。2021 年 12 月 3 日下午，习近平总书记在北京同老挝人民革命党中央总书记、国家主席通伦通过视频连线共同出席中老铁路通车仪式。

2022 年 2 月，为加强电力出口，满足越南对能源日益增高的需求，**老挝政府与 CTC Development Group Sole Co.，Ltd 和越南武秋（Vu Thu）建设股份公司就建设老越 220kV 输电线路项目可行性研究签署了谅解备忘录**，项目将实现将老挝北部南欧江3—7号水电站经琅勃拉邦和丰沙里省向越南供电，可行性研究预计为期18个月。

4.2.3 新能源合作

1. 合作框架

2021年8月17日，**中国哈尔滨电气国际工程有限责任公司与越南第二电力工程咨询公司（PECC2）签署战略合作协议**，携手打造新能源结构体系。双方就越南电力市场以及未来能源结构形势等问题进行深入探讨和充分交流，强调未来将针对重点合作领域如LNG、生物质、风电等方面进行全方位合作，携手共进，共谋发展。

2021年11月11日，**中国电力工程顾问集团有限公司和越南电力工程有限公司**签订在越南市场进行风电建设开发的合作备忘录。双方就如何开发和建设越南庞大的新能源市场展开讨论。

2. 合作项目

2021年2月20日，**中国能建葛洲坝国际公司与阳光电源股份公司签约缅甸三个光伏项目**，分别是缅甸布达峌40万kW光伏电站、缅甸昌古4万kW光伏电站、缅甸敏建3万kW光伏电站EPC现汇项目。这是中国能建葛洲坝国际公司继缅甸塔良、翁拓、东敦枝、拉帕拉四个共计16万kW光伏电站项目签约开工后，在缅甸新能源投资建设市场滚动发展的又一成果。

2021年5月17日，中国哈尔滨电气国际工程有限责任公司与泰国Capital One Enterprises Co.，Ltd（COE）签订“泰国年产1.42亿升木薯制乙醇及10万kW联合循环电站综合项目”EPC总承包合同。项目位于泰国北柳府帕农沙拉堪县，距离曼谷东约150km，项目包括年产1.42亿升的木薯制乙醇厂和10万kW联合循环电厂的设计、采购、施工、调试及性能试验等工作，项目工期30个月。

2021年8月25日，**中国自控系统工程有限公司与泰国Prime Road Group**签署柬埔寨磅清扬6万kW光伏发电EPC合同。项目距柬埔寨首都

金边西北约 60km，采用高效单晶硅双玻双面光伏组件，组串式逆变器以及跟踪支架系统，最大限度提高发电量。项目建成后将大幅增加磅清扬地区电力供应，每年提供约 15 亿 kWh 发电量，为周边经济发展和生产生活提供电力保障，同时实现节能减排，保护当地生态环境。

4.2.4 新技术合作

1. 合作框架

2021 年 11 月 11 日，**中国合众新能源汽车有限公司与泰国国家石油股份有限公司**签署战略合作框架协议。双方建立长期合作关系，致力于打造集增值服务、基础设施、用户体验于一体的智能汽车生态系统，为泰国及东盟提供中国制造的高品质智能电动汽车产品。

2. 合作项目

2021 年 9 月 3 日，**中国惠生工程与泰国 IRPC** 正式签署天然气制氢单元（HMU-2）的设计、采购、施工及试车总承包合同。该单元是 IRPC 欧 5 标准超清洁柴油燃料装置的组成部分，项目位于泰国罗勇府 IRPC 工业园区。项目建成后，HMU-2 单元将向 UCF 装置提供 40 000Nm^3/h 高纯氢气，以生产满足欧 5 柴油标准的产品。项目预期在 2023 年第 3 季度移交。

2021 年 12 月 17 日，**泰国 Bangchak Corporation Public Co.，Ltd** 可再生能源分公司获得亚洲开发银行 220 亿铢贷款，在**老挝**开发 60 万 kW 季风风能发电设施。项目位于老挝南部，是东南亚地区装机最大的风电项目，在整个使用期内将减少 3500 万 t 温室气体排放。

第 5 章

发展展望

创新引领
智力共享

5.1 经济发展展望

2022 年，经济发展受外部影响较大，难以强势复苏。2021 年至今，泰国、柬埔寨、越南经济均在逐渐复苏，老挝、缅甸本国经济处于较为艰难的阶段。俄乌冲突持续发展，能源、粮食等大宗商品价格攀升，中国、美国等澜湄国家主要合作伙伴的消费需求低于增长预期，尽管多重因素叠加可能导致澜湄区域的外部经济环境趋于恶化，但在区域全面经济伙伴关系协议（RCEP）的助推下以及越南、泰国、柬埔寨相继实行全面开放政策，老挝实施政策以助力财政状况逐渐好转，各国经济有望持续向好或恢复发展，预计 2022 年澜湄五国增长率约 3.3%。缅甸受疫情和国内政变双重影响，加上一些投资者撤离，2022 年经济呈萎缩态势，即使缅甸下半年强力发展经济，但成效依然有限。老挝 2022 年前三季度面临较为严重的国家债务危机，目前正抓紧化解，有望今年得以解决，2022 年整体经济发展将处于低速增长。

2023—2025 年，经济发展迈入赛车道，有望中高速增长。随着 RCEP 持续升级、中老铁路等跨国交通基础设施发挥愈来愈大作用、疫苗接种全面普及和跨境人员流动恢复的推动下，老挝、泰国、柬埔寨、越南经济复苏有望获得巩固和支撑。未来三年，预计澜湄五国国内生产总值（GDP）[1] 年均增速约 4.9%。其中，老挝商贸和旅游有望向好，农业、电力、采矿和制造业出口渐入佳境，预计年均增长 5.3%；缅甸随着政局逐步稳定，经济发展逐渐转好，预计年均增长 3.2%；泰国旅游业有望复苏，预计年均增长 3.3%；柬埔寨服务业和出口贸易持续改善，预计年均增长 5.8%；越南制造业和出口贸易将持续较好的发展势头，推动经济保持高速增长，预计年均增长 7.3%。澜湄五国 GDP 预测如图 5-2 所示。

2022—2025 年，人口仍会维持一定惯性增长。初步预测，在现行政策和稳定的发展环境下，2025 年湄公河五国总人口 2.54 亿人，三年年均增速

[1] GDP 为 2021 年可比价，本节下同。

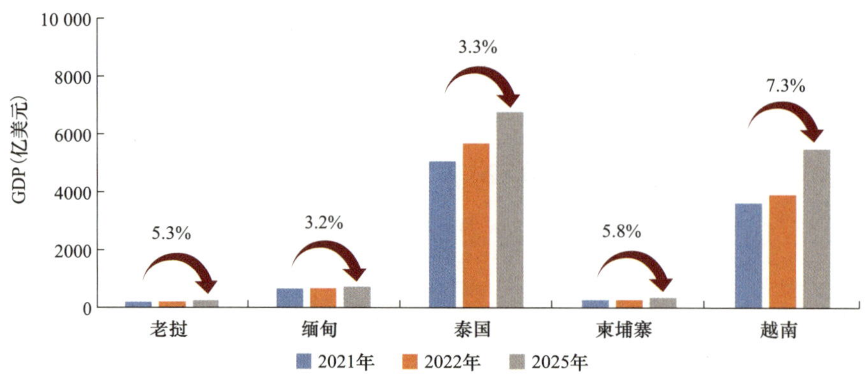

图 5-1　澜湄五国 GDP 预测（亿美元，2021 年价）

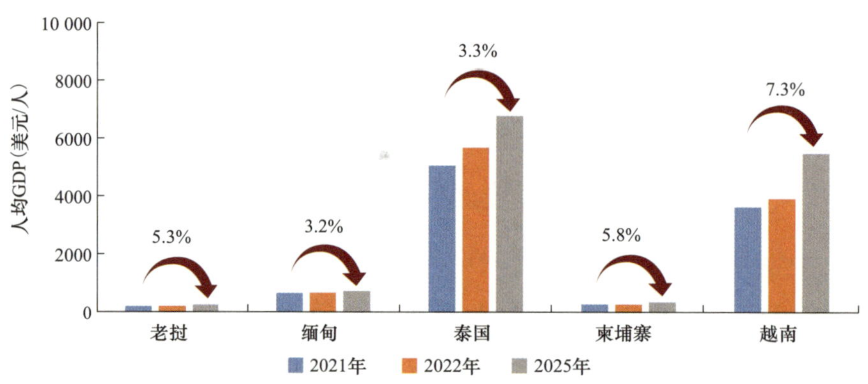

图 5-2　澜湄五国人均 GDP 预测

为 0.65%。泰国因低生育率和老龄化问题加剧导致人口增速低于其他国家，预计 2025 年老挝、缅甸、泰国、柬埔寨、越南人口占比分别为 3.0%、22.2%、27.9%、7.0%和 39.9%。

2022—2025 年，人均 GDP 保持中高速增长，总体仍低于世界平均水平。2022—2025 年澜湄五国人均 GDP 年均增速约 4.2%，至 2025 年人均 GDP 约 4820 美元，仍与世界平均水平存在较大差距。其中，老挝、缅甸、泰国、柬埔寨、越南年均增速分别为 4.6%、2.5%、3.0%、4.6%、6.5%。泰国人均 GDP 远超其余四国和平均水平，达到 8741 美元；越南与平均水平相当，达到 4731 美元；老挝、柬埔寨、缅甸人均 GDP 仍偏低，分别为 3072、1818、1235 美元。

5.2 能源发展展望

终端能源需求将快速增长，主要需求来源于泰国和越南。亚洲开发银行预测，到 2035 年澜湄五国终端能源消费总量将达 62 500 万 t 标准煤。相比 2021 年的 27 643 万 t 标准煤增长超过一倍。老挝、缅甸、泰国、柬埔寨和越南的终端能源消费分别增加 550 万、1900 万、14 900 万、440 万 t 标准煤和 17 200 万 t 标准煤，泰国和越南合计占总增量的 91.7%，其余三国占总增加量仅为 8.3%。澜湄五国终端能源消费总量预测如图 5-3 所示。

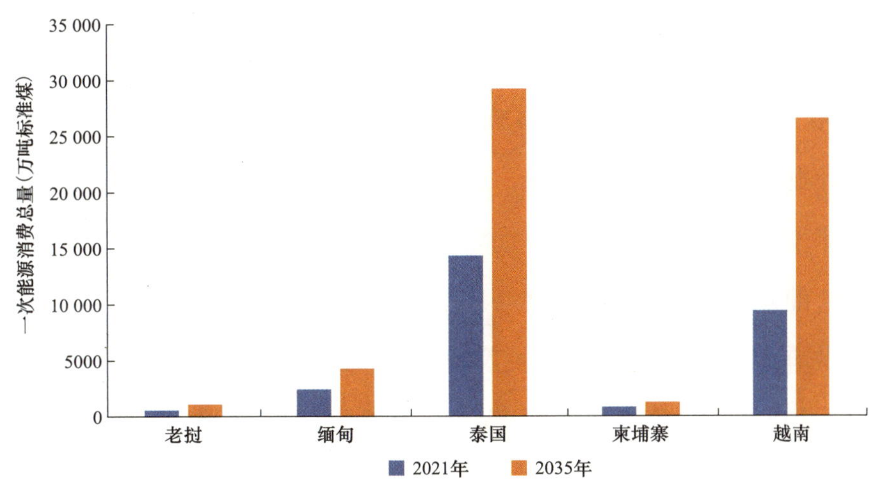

图 5-3 澜湄五国终端能源消费总量预测

建筑领域能源需求量最高，其次为工业和交通领域。2035 年，建筑领域能源需求量将达 22 800 万 t 标准煤，占澜湄区域总能源需求量的 36%；其次为工业和交通业，分别为 19 900 万 t 标准煤和 12 900 万 t 标准煤，分别占 32%、21%；用于原料的终端能源需求量最少，为 6900 万 t 标准煤，占 11%。2035 年澜湄五国各行业终端能源消费比重预测如图 5-4 所示。

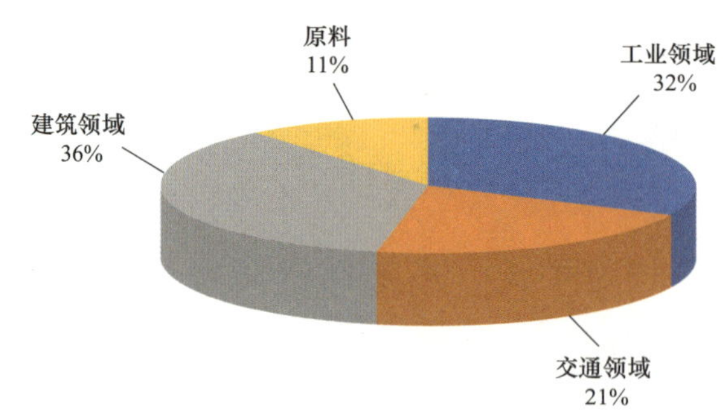

图 5-4 2035 年澜湄五国各行业终端能源消费比重预测

5.3 电力发展展望

5.3.1 电力需求

2022 年，受经济增长乏力影响，各国用电需求增速可能出现不同程度放缓，预计缅甸用电需求负增长。预计 2022 年老挝、柬埔寨、越南将持续保持中高速增长态势，用电量分别增加 13.8%、10%、6%。泰国电力需求将恢复疫情前水平，增长率约为 1.9%。缅甸因电力基础设施受损严重导致较大电力供应缺口问题，预计 2022 年用电量将同比减少约 15%。

2023—2025 年，经济强力复苏带动用电需求快速增长。展望未来三年，在经济发展持续恢复的刺激下，澜湄五国用电增长将进入快车道，预计年均增长超过 7%。其中，老挝经济稳步发展，预计年均用电增速约为 7%；缅甸政局趋向稳定，供电保障能力得到提升，预计年均用电增速达 12%；泰国用电趋于饱和，预计年均用电增速达 2.7%；柬埔寨在旅游等行业复苏以及出口上升等因素作用下，预计年均用电增速达 12%；越南受承接区域外产业转移的利好，预计年均用电增速达 10%。至 2025 年，老挝、缅甸、泰国、柬埔寨、越南用电量分别为 129 亿、226 亿、2100 亿、183 亿、3220 亿 kWh。澜湄五国用电量预测如图 5-5 所示。

澜湄五国电力负荷将持续保持增长态势。2022—2025 年，柬埔寨用电

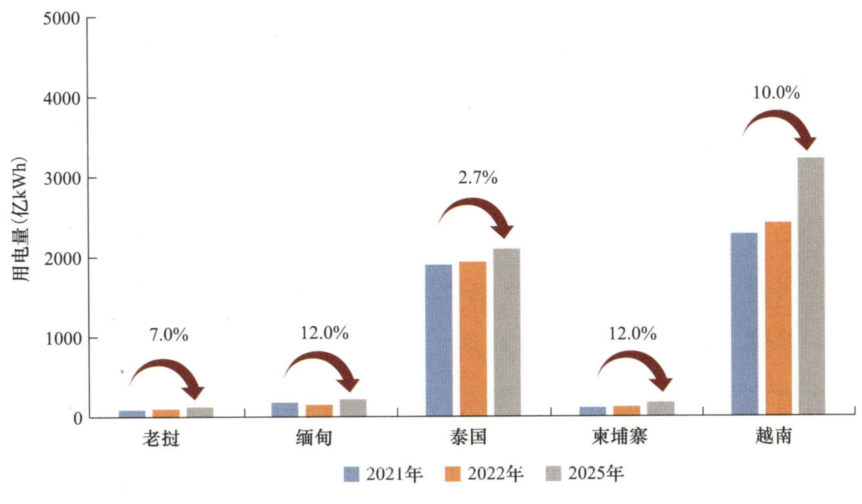

图 5-5 澜湄五国用电量预测

负荷保持高速增长，年均增速达到11.7%；其他四国年均增长率在2.8%～7%。至2025年，老挝、缅甸、泰国、柬埔寨、越南最大电力负荷分别达到190、452、3360、305、5550万kW。

5.3.2 电源发展

澜湄五国2022—2025年预计规划新增电源装机4800万kW，其中非水可在生能源装机占比40.6%。老挝、缅甸、泰国、越南的新增装机中非水可在生能源装机占比均超过35%。至2025年，澜湄五国电源总装机约为19 314万kW，其中非水可再生能源装机占比约26.1%，较2021年提升3.7个百分点。但老挝、缅甸、柬埔寨规划电源开发和投产存在较大不确定性，能源转型要求和各国政策一定程度牵制了开发对煤电投资和煤电建设，缅甸水电开发及气电发展受多方影响较大。

5.3.3 电力供需形势

澜湄国家电力供需呈现互补特性。根据公开的电源前期测算澜湄区域2022—2025年电力供需，初步结果表明，中国南方区域、越南存在较大电力缺口，是澜湄国家中主要的电力输入区域；柬埔寨存在少量电力缺口，需要从邻国进口电力；泰国有较大的电力盈余；老挝呈现“丰多枯少”的特性；中国南方电网经营区整体存在电力缺口，但具备提供跨年、季节性、甚至日波动的大电网调节能力。分国别[1]具体而言：

（1）老挝。2022—2025 年，老挝国内留存电源水电占比将保持在 95%以上，国内电力供需将呈现“丰多枯少”的特点。预计老挝 2025 年，丰期电力盈余约将达到 88 万 kW，存在较大的外送需求，枯期电力基本平衡，略有盈余，需要与邻国进行电力互济。

（2）缅甸。若国内水电资源开发进程转稳，缅甸 2022—2025 年间电力供需形势向好，预计缅甸全国 2025 年丰期电力盈余 46 万 kW、枯期电力缺口 9 万 kW 的电力盈余；部分地方区域面临丰枯双缺形势。若缅甸规划水电、气电开发仍然停滞，预计缅甸全国 2025 年电力缺口 100 万～120 万 kW。

（3）泰国。泰国电力供应多样化特性明显，本国水电、火电基本可满足电力需求，老挝点对网送入电力将为泰国提供较为充足的电力保障，泰国 2022—2025 年间将保持加大电力盈余状态，其预计泰国 2025 年丰、枯期电力盈余将分别达到 934 万、969 万 kW。

（4）柬埔寨。2022—2025 年，柬埔寨电力需求增长迅猛，受限于电力资源开发条件，柬埔寨电力供需长期处于略有缺口状态，预计柬埔寨 2025 年丰期基本平衡，枯期电力缺口约 3 万 kW。若柬埔寨及老挝南部煤电开发不及预期，预计柬埔寨 2025 年电力缺口 80 万～85 万 kW。

（5）越南。2022—2025 年，可再生能源继续快速发展，但随着越南电力需求将不断扩大，2025 年丰、枯期电力缺口将分别达到 469 万、151 万 kW。

（6）中国南方区域。2022—2025 年，中国南方区域最大电力负荷逐年平均增速将约 7%，电力缺口逐年扩大，至 2025 年达 3000 万 kW。系统调节能力进一步提升，至 2025 年，火电装机 22 342 万 kW，占电源总装机

---

[1] 澜湄五国电力平衡计算时，点对网电源电力计入接入国家电网测算；光伏未纳入平衡计算。

36.8%，煤电灵活性改造大幅提升调峰能力；抽水蓄能及电化学储能规模3442万kW，占电源总装机5.7%；用户主动响应规模达最大用电负荷的5%。

澜湄国家可利用已有和规划互联互通通道实现近期的电力互济，同时有必要进一步提升澜湄区域的清洁电力资源配置水平。2022－2025年期间，澜湄区域将进一步加强中缅、中老、中越联网，老泰、老越、老柬联网，同时依托老挝本国输电网升级改造，进一步实现老挝清洁能源资源的优化配置，从而打通以老挝为区域地理位置中心、以老挝输电网为电力枢纽中心的区域电网格局。

5.3.4 远景电力互联互通展望

展望未来，在能源转型和清洁低碳发展背景和共识下，澜湄六国将持续推动电力互联互通水平，并适时推进和扩大与东盟其他国家的互联互通，实现以清洁电力为“脉动”的互利共赢合作局面。未来，老挝将进一步发挥区域和资源优势，强化主干网，优化互联互通模式和跨进电力贸易，实现向周边国家、东盟国家输送优质的清洁电力；缅甸将发挥水电富国优势，优化主干网和地方电网，实现清洁电力惠及更多地区；中国、柬埔寨、泰国、越南也将发挥电力市场、系统调节、技术等优势，使清洁电力得以更广泛、更高效消纳。

5.4 澜湄国家电力合作机遇与建议

5.4.1 优势及机遇

“一带一路”倡议共识为区域能源电力合作营造良好环境。澜湄六国从地缘政治、经济方面的条件来看，与周边其他地区相比，澜湄六国间拥有更加良好的合作基础和更为迫切的合作需要，是“一带一路”建设的重要组成部分。各国在社会进步、经济发展等方面均有较大空间，“一带一路”倡议有利于促进更为广泛合作，以此促进开放条件下的自身发展。

澜湄国家政府和澜湄合作机制为电力转型升级提供了有力的政策支持。澜湄六国均提出了清洁能源或可再生能源的发展目标，并通过制定政策和制定法律的方式为达到目标提供约束力，为可再生能源发展提供强有力遵循。澜湄合作机制下，可再生能源作为合作的重点领域。2020 年《澜沧江－湄公河合作第三次领导人会议万象宣言》和 2022 年关于加强澜沧江－湄公河国家可持续发展合作的联合声明中均提出，要鼓励深化区域绿色和可持续发展。澜湄合作机制的纵深延展为区域开展绿色合作奠定了坚实的基础。

经济刚性发展为电力工业发展带来较大的增量空间。澜湄国家是汇聚知识密集型、技术密集型、资金密集型、劳动密集型产业于一体的区域，具备天然的资源互补性，经贸合作得天独厚。随着经济恢复的步伐加快，产业升级、工业化和城镇化进程需要电力的保驾护航。随着多边和双边经贸协议的合作升级，以及跨国铁路等交通枢纽的正式运行，将为电力发展和电力合作注入更多动力。

区域经济一体化趋势为区域电力合作提供新动力。在新冠肺炎疫情的冲击下，全球供给链面临重塑，许多国家或谋求构建更多元化的供给链，出台相关政策促使制造业回归本国，全球贸易投资规模出现收缩。在疫情之下的经济“大封锁”造成全球贸易和投资大幅下滑的背景下，发挥区域内部贸易扩张效应、提升区域贸易量和贸易投资自由化、便利化显得尤为重要，RCEP 的正式生效和逐步升级将为后疫情时代东盟经济一体化发展和互联互通注入新动力。

能源转型需求为区域电力绿色发展提供广阔空间。澜湄六国在地理气候、能源消费和排放情况等方面有典型的地域特征，发展模式上既有共通性也有互补性。为了促进区域能源转型目标的实现，各国可发挥各自资源禀赋优势，高效开发和利用清洁可再生能源，加强互联互通，优化资源配置，促进区域能源电力协调、绿色发展。

电力绿色发展驱动产业升级、贸易增加、技术创新和更大范围合作。电

力、新能源、数字化发展需要的技术创新覆盖了源－网－荷－储所有环节，为各方合作创造了广阔市场前景。风电和光伏大规模发展将带动产业链升级，新能源发电和利用等领域将成为电源领域新的发展赛道。数字电网转型和分布式智能电网技术的应用将为电网注入新的活力。虚拟电厂、需求响应等技术模式和商业模式将在用户侧形成广袤的市场。传统抽水蓄能、电化学储能、氢能等清洁灵活性资源有了更加广阔的市场空间。

5.4.2 合作意义

能源绿色安全发展和开放合作是各国经济可持续发展的基石，亦是发展共识和趋势，澜湄区域以电为纽带，通过加强清洁能源电力合作，提升区域电力资源协调互济和电力互联互通水平，是澜湄六国推动能源转型和促进清洁能源发展的最优选择，是澜湄六国经济开放合作的最佳路径。

一是优化澜湄区域整体能源供需格局。通过澜湄国家之间高效的能源合作，可以进一步优化化石能源、水能的供需格局，实现区域安全的最大化，实现区域供需市场的协调发展，助力区域及各国找寻能源转型最快方案的合力解。

二是提升区域能源电力整体供应可靠性。通过区域能源电力资源协调互济，可提升各国电力供应保障能力，推动扩大电力覆盖水平，助力实现民生电力的普遍供给。

三是提升区域电力系统韧性与灵活性。根据资源禀赋来看，区域未来电力供需呈现“以中国、泰国、越南为负荷中心，老挝、缅甸为电源中心，柬埔寨基本实现自平衡”的格局。区域能源转型与合作，既可实现丰枯互济、余缺互济，亦可共享互联电网的调节性资源，提升区域清洁能源利用率，尽快实现整个区域的净零排放目标。

四是有效降低区域能源转型成本。通过不断扩大澜湄区域电力贸易规模，同时满足清洁能源资源和市场的同步需要，实现电力价格洼池与价格高地相匹配，市场红利充分释放，减少各国用能成本与能源转型成本。

5.4.3 合作建议

未来，澜湄区域能源电力合作必然愈来愈紧密，既要统筹区域能源电力资源，全面推进互联互通进程，同时做到兼顾各国实际情况，因地制宜，逐步推进，以满足各国经济社会发展需要。建议重点围绕交流合作机制构建与维护、电力基础设施互联互通建设、能源电力绿色发展、深化电力技术创新合作以及把握各国投资机会做好以下几方面工作。

1. 持续升级区域合作机制，共同搭建高效交流平台

以GMS、澜湄合作机制等现有合作机制为基础，在各国政府和相关部门指导下，建立能源电力合作的高度互信，做实以清洁能源和电力为核心的合作，以电力互联互通推动产业（货物、贸易、便利化、标准等）互联互通，实现电力与经贸合作互促和纵深发展。

由各国政府能源管理部门牵头，强化澜湄国家能源电力研究咨询合作，共谋区域发展顶层设计，依托澜湄国家能源电力规划编制部门和研究咨询机构，推动组建双边或多边的能源电力研究咨询机构，发挥智库机构作用，共同为区域能源电力高质量发展提供政研咨询和智力服务。

在澜湄国家电力企业高峰会机制下，持续强化区域内能源电力企业、科研机构、高校、咨询机构等合作，建立一个非营利性国际性的协会组织，为澜湄区域的能源电力发展搭建一个学术研讨交流平台。

2. 加快电力互联互通建设，推动构建绿色电力共同市场

加强电力规划的战略引领作用，做好与区域电力发展战略的衔接。以澜湄区域电力互联互通规划为蓝本，加快推进跨国电网基础设施建设，提高各国电力互济和可靠供应能力，创新联网模式、扩大多边联网，让清洁、友好、经济电力惠及澜湄国家。

推动建立以绿色电力为核心的区域共同电力市场和澜湄国家电力系统运营商组织，充分发挥电网对绿色电力资源优化配置的平台作用，共同推进区域绿色低碳发展。推进各国贫困地区电力覆盖和电气化水平，消除无电区域

和人口，释放并满足用能需求。

3. 深化电力技术国际创新合作，加快区域行业标准统一或互认

围绕能源转型、新能源、电动汽车、储能、数字化和智能化技术、电网安全稳定控制、双边/多边联合电力市场、农村电力建设、海岛微电网、综合园区等前瞻性、创新性、技术性的领域，积极与国内外电力企业、研究机构、高等院校等联合开展双边或多边的研究合作。

加强企业层面在统一的或差异化互认的区域电力行业各领域标准方面的交流合作，充分利用 RCEP、中国—东盟自贸协议等对设备技术标准互认的相关条款和机制，推动清洁能源技术和产业标准的统一与互认，形成广泛的标准联盟、产业联盟。

4. 加强区域绿色低碳投资建设，积极探索绿色金融发展模式

发挥区域内多边政策、金融、管理、技术资源优势，有序、合理推进水电资源开发，积极推进生物质、光伏、风电等新能源开发和利用，带动区域产业链发展，为项目所在地创收、提供优质就业机会，共同推进区域协调共赢发展。

以能源转型和碳中和目标为先导，积极谋划以绿色电力为核心的区域绿色金融政策体系和金融制度，探索符合澜湄国家国情的绿色金融产品工具，推动绿色信贷、绿色保险、碳金融等方面的创新示范，以绿色金融为驱动引导资本流向澜湄区域绿色电力产业发展。